JN231351

赤木正幸＋浅見泰司＋谷山智彦　編著

Real Estate Tech

不動産テックを考える

PROGRES
プログレス

まえがき

　近年，「○○テック」という造語をよく耳にする。例えば，「FinTech（フィンテック）」は情報技術を活用して金融に役立つ新たなサービス群を意味する。同様に，「EdTech（エドテック）」は教育界における新たなサービス群である。本書のテーマである「不動産テック」は，これを不動産に置き換えた用語である。

　不動産業界は，「勘と経験と度胸」が支配し，長らく情報化が進んでいない「ローテク」産業と思われてきた。しかし，不動産業とは，土地・建物，権利，市場，利用者などの情報を駆使し，様々な専門知を必要とするビジネスである。実際，不動産業は「情報産業」とも言えるのではないだろうか。また，不動産は，不動産そのものの情報のみならず，利用者である入居者，来場者，労働者等の情報を収集できる場所でもある。そのため，いわば情報技術を応用するにはうってつけの対象と考えることもできる。事実，近年のこの分野での発展は著しく，本書で紹介するように様々なサービスが作り出され，実際に展開してきている。

　不動産業界は，日本の国内総生産（GDP）の約12％を占める巨大産業であり，「○○テック」で先に盛り上がる金融・保険業や情報通信業などの2倍以上の産業規模を誇ることを忘れてはならない。さらに，不動産から得られる情報は，テクロジーの進化によって生活の大部分をカバーしつつあり，その情報の活用先は全ての産業に及ぶ。不動産業における生産性の向上や効率化，そして新たなサービスの創出は，不動産業界や不動産市場のみならず，日本経済の成長にとっても決して欠かせないはずだ。

　現時点で，不動産テックに関する論評は数多くみられるが，不動産テックを

中心にすえた書籍は意外に少ない。そこで，プログレスの野々内氏に背中を押されて，様々な不動産テックを整理したうえで，それぞれのサービスを解説する本を編集しようということになった。編者で相談し，不動産テックの実務に実際に携わっている方々を多くリストアップし，執筆者を選ばせていただいた。幸い，皆様にご快諾いただき，本書が刊行できることになった。

「不動産テックを考える」というタイトルのとおり，その発展の経緯，理論や技術，そして現在のサービス展開などについて，読者の皆さまが今一度考えるきっかけになれば幸いである。本書をもとに，不動産テックの全体像の理解が進み，今後，より社会に役立つ高度な不動産テックのサービスが開発されていくことを期待したい。

なお，本書を刊行するにあたり，プログレスの野々内邦夫氏には，大変お世話になった。ここに記して謝意を表したい。

2019 年 4 月 15 日

赤 木 正 幸

浅 見 泰 司

谷 山 智 彦

目　次

カオスマップから読み解く不動産テックの現在と将来

[赤木　正幸]

第2部
不動産テックの理論と技術

深層学習を用いた類似間取り検索

[山崎　俊彦]

不動産分野へのデータ解析と人工知能技術の応用

［和泉　潔／諏訪　博彦／大西　立顕／坂地　泰紀／松島　裕康］

第3部
不動産テックのサービス展開

不動産テックによる不動産マーケティングの転換

[一村　明博]

AI 価値分析による不動産取引拡大の可能性

[巻口　成憲]

不動産市場におけるシェアリングエコノミーの影響

[重松　大輔]

不動産テックで変わりつつある不動産賃貸業務

［伊藤　嘉盛］

不動産・建築テックにおける xR の現状と未来

［沼倉　正吾］

登記ビッグデータから見える不動産テックの今後

［木村　幹夫］

―――――――〈執筆者一覧 (掲載順)〉―――――――

浅見　泰司 （東京大学大学院　工学系研究科　都市工学専攻　教授）

谷山　智彦 （ビットリアルティ株式会社　取締役
　　　　　　株式会社野村総合研究所　上級研究員）

赤木　正幸 （リマールエステート株式会社　代表取締役）

山崎　俊彦 （東京大学大学院　情報理工学系研究科　電子情報学専攻　准教授）

和泉　　潔 （東京大学大学院　工学系研究科　システム創成学専攻　教授）

諏訪　博彦 （奈良先端科学技術大学院大学　特任准教授
　　　　　　理化学研究所　革新知能統合研究センター　研究員）

大西　立顕 （東京大学大学院　情報理工学系研究科　ソーシャル ICT 研究センター　准教授）

坂地　泰紀 （東京大学大学院　工学系研究科　システム創成学専攻　特任講師）

松島　裕康 （東京大学大学院　工学系研究科　システム創成学専攻　特任助教）

北崎　朋希 （三井不動産株式会社）

鬼頭　武嗣 （株式会社クラウドリアルティ　代表取締役）

一村　明博 （株式会社 ZUU　取締役　Fintech 推進支援担当）

巻口　成憲 （リーウェイズ株式会社　代表取締役 CEO）

重松　大輔 （株式会社スペースマーケット　代表取締役）

芳賀　一生 （株式会社リブセンス　不動産ユニット）

武井　浩三 （ダイヤモンドメディア株式会社　代表取締役
　　　　　　一般社団法人不動産テック協会　代表理事）

伊藤　嘉盛 （イタンジ株式会社　代表取締役）

沼倉　正吾 （Symmetry Dimensions Inc. CEO）

木村　幹夫 （株式会社トーラス　代表取締役）

第1部

不動産テックの発展

不動産テックを考える

東京大学大学院 工学系研究科 都市工学専攻 教授
浅 見 泰 司*

1. 不動産ビジネスの特徴

　不動産テックとは，不動産とテクノロジーを合わせた造語であり，不動産ビジネスに関連する新技術を活用したサービスを表す。不動産テックのサービスは，現在，大きく広がりつつある（谷山，2019）。主な新技術としては，情報処理技術が典型である。たとえば，不動産市場のビッグデータを人工知能技術によって分析し新たな市場予測情報を提供したり，VR（Virtual Reality）・AR（Augmented Reality）技術を用いて擬似的な内見を可能にしたり，これまで対人で行われてきた取引をインターネット上でできるようにするなどのサービスが開発されてきている。

　不動産ビジネスは，対象となる不動産の個別性が高く，消費者がその全容を

*あさみ　やすし

東京大学工学部都市工学科卒業。ペンシルヴァニア大学大学院地域科学専攻修了。Ph.D.。現在，東京大学大学院工学系研究科都市工学専攻教授。専門は，都市計画，不動産市場分析，空間情報解析など。著作に，浅見泰司，樋野公宏（編）(2018)『民泊を考える』プログレス，浅見泰司，中川雅之（編）(2018)『コンパクトシティを考える』プログレス，浅見泰司 (2015)『都市工学の数理：基礎編』日本評論社，浅見泰司，矢野桂司，貞広幸雄，湯田ミノリ（編）(2015)『地理情報科学：GIS スタンダード』古今書院などがある。

把握するのが容易でないという特徴を持つ。不動産はその名のとおり，不動の資産，すなわち土地に固着する財であり，よって場所性がその特性を大きく左右する。たとえば，全く同じ間取りの住宅であっても，場所が異なることにより，住環境が異なってしまう。このことから，不動産は，どれ一つとして同じ物がない差別化された財であるという特徴を有している。不動産の特性要素は多岐にわたる。そのため，一般の人にはその性能や価値の判断が難しい。また，不動産の特に売買は一般に高価であるために，一般の人が何度も経験できるものではない。したがって，失敗に学ぶなどという悠長なことを言っていられない財ということになる。つまり，失敗できない取引となるのである。さらに，不動産の取引には，法制度の理解，市場分析，建築知識など様々な専門知識を必要とする。このために，専門家のアシストが特に必要なビジネス分野なのである。

　一般に，不動産業と呼ばれる職業としては，不動産の開発・建設，賃貸経営，不動産売買，不動産仲介などがあるが，さらにこれらの業者を支援する職，消費者を支援する職など，これから派生する職業もある。不動産テックはこれらのどれかに関わって，安全で効率的な業務遂行や取引を実現しようとしている。

2. 不動産業と情報化

　不動産ビジネスは，情報化が遅れている業界であるとされてきた。その理由として，①不動産の供給者・需要者はどちらも専門業者から一般の個人まで多様な主体が関わるために，業界全体としての効率化を行いにくい業界であること，②消費者にとって失敗できない取引であるために消費者保護が特に重要とされること，③不動産は高額であるために，不当利得を狙って悪徳な業者が入り込む動機の強い産業であること，④不動産は差別化された財であるために基準化が難しいこと，⑤不動産取引や利用においては，地域の慣習も異なり，その意味でも基準化が難しいこと，⑥これらの理由から特に一般の人（供給者お

よび消費者のどちらの場合もありうる）を手厚く保護する必要があること，⑦情報化においても一般の人であるかもしれないことを前提にして，取引の安全性重視の手続き体系を構築しなければならない背景があること，⑧様々な専門分野の知識が必要とされ，それぞれの制度がその専門分野の論理で構築されているために，不動産取引全体で見たときにその手続きは多岐にわたること，などが挙げられる。

ただ，情報化が遅れているということは，情報化に関しては将来大きく伸びしろがあることを意味する。事実，不動産取引の一部を情報化で代替するサービスが数多く提案されてきており，それらは現在，不動産テックと総称されている。

たとえば，これまでは取引のために，時間をかけて，重要事項説明を行い，しかも契約には実印を押印することが必要とされてきた。この手続きは，ある程度，取引の安全性を高める効果はあるものの，迅速な取引には逆行する。また，一般の人の中にはこのような手続きを行ったところで，完全に理解せずに手続きを進められてしまう可能性もあって，本当に安全性が確保されているか疑わしい面もある。そのため，重要事項説明の電子化が検討され，実証実験も行われるに至っている。

3. 不動産テックの類型

不動産テックには，以下の類型がある（成本, 2017; 赤木, 2019）。

(1) 高度情報提供サービス

新しい情報技術を用いて従来よりも高度な情報を関係者に提供するサービスである。これには，マッチング・プラットフォーム・サービス，不動産情報サービス，不動産価値評価サービス，リフォーム・リノベーションサービス，シェアリングサービスなどがある。

❶マッチング・プラットフォーム・サービス

　マッチング・プラットフォーム・サービスとは，web 上で供給者と需要者をマッチングさせるサービスである。これまで，不動産を斡旋し，その売買や賃貸借の契約を締結する媒介サービスは，宅地建物取引業者が担ってきた。そのため，この行為を行うには宅地建物取引業法に従わねばならない。ただし，単なる情報提供サービスであれば，媒介サービスには含まれず，業法規定が適用されるわけではない。現在は，この部分を活用して情報提供サービスが開発されている。ただ，利用者にとっては，媒介サービスまで完結する仕組みの方が便利である。このサービスをその方向でさらに進化させていくためには，宅地建物取引業自体の業態を再整理して，必要に応じて法改正を行い，電子化に適した社会制度を構築することが求められる。

　本書では，山崎（2019）が深層学習を用いた類似間取りを検索するシステム構築の例について述べている。従来の住宅物件検索では，面積，nLDK などの情報で検索できていた。しかし，同じ 2LDK といっても，間取りは大きく異なる。検索システムの利用者は検索された候補についていちいち間取り図を見て，判断しているのが現状である。構築されたシステムでは，間取り図自体の類似度を部屋の種類の隣接関係のグラフ構造の情報とともに深層学習させて，類似の間取りを検索できるようになっている。このようなシステムを拡張していけば，利用者が好む間取りに空間構成が近いものを優先的に検索でき，より効率的なマッチングを行うことが可能になる。

❷不動産情報サービス

　不動産情報サービスとは，不動産物件の検索や情報提供を行うサービスである。もちろん，不動産テックが流行する以前から情報提供サービスは行われており，紙面や web を介しての情報提供があった。ただ，近年では，web で提供される情報も一段と高付加価値化してきている。

　本書では，一村（2019）がエンゲージメント・マーケティングについて解説している。エンゲージメント・マーケティングとは，企業が顧客と深い関わりを持ち，顧客とともにサービスを共同制作してサービス内容を高めるマーケ

ティング手法である。この手法により，顧客の嗜好によりマッチした情報提供をしていくことで，不動産会社への信頼性を高め，潜在客から顧客に変えていくことができる。

❸不動産価値評価サービス

不動産価値評価サービスとは，人工知能技術などを用いて，大量の不動産評価・取引データをもとに，不動産価値や価格などを推定するサービスである。このようなサービスとしては，アメリカの Zillow 社の Zestimate というサービスが有名で，アメリカにあるすべての不動産に対してリアルタイムで価格相場を表示している（清水，2017）。

本書では，和泉ら（2019）が，大量の位置情報付きツイッターからユーザ属性を推定し，それを地域特性の分類に用いて不動産価格分析を行った例を紹介している。駅に応じて明確な属性の違いが明らかとなっており，それに適合した不動産が供給されている実態を確認できる。また，飲食店向きの不動産について営業マンの暗黙知を抽出し，それを活かした賃料推定も行っている。さらに，中古マンション売買データを用いて需給圏の大きさに着目してバブル度を分析する試みを紹介している。

また，巻口（2019）は，AI を用いた不動産価値分析について述べている。アメリカでは MLS（Multiple Listing Service）という自由にアクセスできる不動産物件の共通データベースがあるために，それを活用したサービスが大きく進展した。日本では，REINS と呼ばれる不動産業者共通のデータベースがあるが，必ずしも有効に機能しておらず，結局，自社データに頼らざるを得ず，それが新規サービスを生み出しにくい結果につながっていると指摘している。REINS データがより自由にアクセスできるようになれば，より広く有効活用することにつながると思われ，その方向での改革が望まれる。

❹リフォーム・リノベーションサービス

リフォーム・リノベーションサービスとは，リフォームやリノベーションに関する情報提供やマッチングを行うサービスである。リフォームやリノベーションの際には，新築当時から現在の間に，どの程度まで建築性能が劣化して

いるかの判断が難しい。また，構造上あるいは建築法規上，どのようなリフォームまで許されるのかもわかりにくい。さらに，リフォーム業者の信頼性に関する消費者の不安も少なからずある。これらは，すべて消費者が必要な情報を十分に知ることができないことからくる不安であった。一般消費者にはこのような情報提供が十分でなかった分野への ICT（Information and Communication Technology）を駆使した新たなサービス提供となっている。

❺シェアリングサービス

　シェアリングサービスとは，民泊（浅見・樋野，2018）に代表されるように，対象物を時間的に小分けして，利用できるようにするサービスである。ICT の進展によりマッチングコストが大きく低下し，このようなサービスが可能になった（安念，2018）。

　本書では，北崎（2019）が民泊ビジネスやライドシェアビジネスの広がりとその影響について述べている。ニューヨークでは，違法民泊も多く，ホテルの顧客が奪われている実態を紹介している。他方で，ロンドンでは，民泊を合法化し周辺への悪影響が生じた場合の対応を充実させる方向で施策がなされ，業界団体の自主規制も含めた社会的なルールの確立を模索していると述べている。また，アメリカでは，Uber などのライドシェアが大きく拡大し，最低賃金が導入されるに至った。また，乗客待ちのタクシーやライドシェアの増大により渋滞を引き起こしており，対策が急務となっている。他方，コロンバス市では，ライドシェアやカーシェアなども公共交通の一部として位置づけることで，市民サービスを広げている。

　また，重松（2019）は，シェアリングエコノミーを概観し，その不動産市場への影響について論じている。そして，建物スペースを時間貸しするビジネス，駐車場や空きスペースを貸し出すビジネス，荷物を様々な場所で預かるサービス，空きスペースを時間貸しするビジネス，軒先を貸し出すビジネス，オフィスビルの屋上をバーベキューに貸し出すビジネス，キャンプに貸し出すビジネス，移住ではなく都心部と地方が人口をシェアリングする多拠点居住のサービスを安価で提供するビジネスなど興味深い事例を紹介している。

　さらに，芳賀（2019）は，不動産テックにおけるビジネスイノベーションについて述べている。たとえば，iBuyer は AI を搭載した価格査定エンジンを用いて不動産物件を買取り・売却して差額を利益にするビジネスモデルであり，査定の自動化があって始めて成立するビジネスである。また，民泊もインターネットを介して遊休資産を活用するサービスであり，プラットフォームの存在が必須となっている。コワーキング・スペースは異なる組織がオフィスを共有するスペースで，ベンチャービジネスや場所を選ばずに働く労働者のニーズに応えて急速に拡大している。コワーキング・スペースでは，利用者の管理やコミュニティ機能を有していて，それがコワーキング・スペースのデザインの最適化にも活かされている。不動産テックの発展には，情報のオープン化や透明化が必要と説いている。

　シェアリングサービスは，提供者と利用者を結び付けるマッチング，金銭の授受が，インターネットの普及によって，安価になって初めて成立するようになったビジネスである。遊休物があって，それを利用したい人がいれば，ビジネスとなる可能性を秘めている。不動産分野に限っても，ある時間帯に遊休となっているような物はまだまだあると思われ，今後さらに発展する分野であると思われる。ただし，この際に，取引の安全性，合法性などが保証されることが必要であり，今後も新たなサービスが誕生し，そのための法規制が後追い的に定められるということが繰り返されるであろう。

⑵　高度業務支援サービス

　新しい情報技術を用いて従来よりも効率的な業務を可能にするサービスである。これには，管理業務支援サービス，仲介業務支援サービス，業務分析サービスなどがある。

❶管理業務支援サービス

　管理業務支援サービスとは，不動産管理，情報監視などを行うサービスである。このサービスを利用することで，これまで人的作業で行っていた業務を効率化することができる。

　本書では，武井（2019）が自社サービスの立ち上げの経験を踏まえて，管理業務サービスのあり方を考察している。武井の会社では，不動産所有者と管理会社が情報を共有できる仕組みを構築している。特に，今後，資産マネジメントが重要になっていく中，資産状況の見える化の進展が必要となっている。しかし，様々なデータの書式が異なったりして，サービス内容よりもサービス導入に向けた苦労が多いようだ。データの標準化を進め，データの流通性を高めていくことが，今後重要である。

❷仲介業務支援サービス

　仲介業務支援サービスとは，不動産の仲介業を効率化するためのサービスであり，宅建業者の利用を見込んだサービスである。顧客管理，顧客対応，物件管理，内覧サポートなどのサービスがある。

　本書では，伊藤（2019）が不動産賃貸業務に関わる業務支援サービスを紹介している。不動産賃貸におけるアナログ的な業務を IT 化したことで，かなりの効率化が可能となったことを述べている。その例として，物件確認の自動応答システム，内見予約の自動化システム，入居申込書を web 上でできるサービスの概要と効果を示している。また，不動産会社と入居希望者との間のコミュニケーションを IT 化するシステムを紹介しており，LINE で物件提案が行われる。不動産情報のディジタル化，オープン化などが不動産テック発展の鍵となることを述べている。

❸業務分析サービス

　業務分析サービスとは，たとえばカメラ画像を分析して顧客行動を分析したり，マーケティング分析を行うサービスである。マーケティング分析は以前も行われていたが，特に，IoT によるセンシングデータや画像解析技術が進み，このサービスも広い展開を見せている。

　本書では，木村（2019）が不動産登記に示されている情報の紹介を行った後で，登記簿の最新情報を提供するサービスを紹介している。このデータを用いることで，不動産権利の動きをつぶさに知ることができ，特に，不動産業者にとって貴重な情報である，誰が不動産をたくさん持ち，いつ権利変化が起きそうな

時期かを推測することができる。

⑶　**高度金融サービス**

　新しい情報技術を用いて金融的なサービスを行うものである。これには，クラウドファンディング，ローン・保証サービスなどがある。

❶クラウドファンディング

　クラウドファンディングとは，インターネット上で投資家から投資資金を集めるサービスである。特に，少額投資資金を多数の投資家から集められるために，不動産開発資金を調達する手法として優れている。

　本書では，鬼頭（2019）がクラウドファンディングについて解説している。クラウドファンディング一般の類型を紹介した上で，不動産クラウドファンディングについて，現物不動産の取引，不動産ローンの取引，証券化商品の取引について詳述している。現行の複雑な規制や税制に課題があることを指摘している。

❷ローン・保証サービス

　ローン・保証サービスとは，住宅ローンのシミュレーションや実際の契約に至るサービスをおこなうものである。

⑷　**VR（Virtual Reality）・AR（Augmented Reality）技術**

　これは，まだ建っていない不動産が完成したときにどのような景観になるかなどをシミュレーションするサービスである。合意形成や意思決定支援などに使われる。本書では，沼倉（2019）がVR，ARなどの動向と不動産分野の活用について述べている。

　VRは，CG（コンピュータ・グラフィックス）の映像を現実世界のように見せる技術であり，不動産分野では安全教育ツールや不動産の内見ソフトなどで使われている。ARは，現実の世界にCG映像も映し出す技術である。ARを利用してインテリアを確認することができる。これらを有効に使うためには，BIM（Building Information Modeling）のデータなどを有効に用いていくことが

必要となる。また，大量データの瞬時の処理が必要となり，これらの発展が鍵となりそうだ。

⑸　IoT 技術

　センサーやロボット等を用いて，防犯，施錠，見守りなどのサービスを提供する技術である。センサー情報を用いて建物内の状況を把握したり，ネットワークを通して建物内の装置を遠隔操作できる。IoT 技術は大きく進展し，現在では，室内カメラやスピーカをネットワークにつなげている家庭も増えてきている。

　ただし，インターネットにつながっているということは，外部からも情報を抜き取られたり，ハッキングされたりする可能性もあるということであり，情報セキュリティの徹底が必要となる。

4.　不動産テックの課題

　不動産テックは情報化の進展に伴い，遅ればせながら，進展しつつある。

　不動産テックの進展に支障となる事項として，①情報書式の統一性，不動産情報の信頼性などの問題，②旧来型の取引を前提とした不動産に関わる法制度の問題，③不動産と新技術の双方に精通した人材の不足などが指摘されている。

　これらの問題を解決し，不動産テックの開発が進み，安全で迅速な不動産の取引や管理・運用が可能になることを期待したい。

〈参考文献〉

赤木正幸（2019）「カオスマップから読み解く不動産テックの現在と将来」赤木正幸，浅見

泰司，谷山智彦（編）『不動産テックを考える』プログレス，pp.35-52

浅見泰司，樋野公宏（編）（2018）『民泊を考える』プログレス

安念潤司（2018）「旅館業法と民泊」浅見泰司，樋野公宏（編）『民泊を考える』プログレス，pp.33-48

和泉潔，諏訪博彦，大西立顕，坂地泰紀，松島裕康（2019）「不動産分野へのデータ解析と人工知能技術の応用」赤木正幸，浅見泰司，谷山智彦（編）『不動産テックを考える』プログレス，pp.75-89

一村明博（2019）「不動産テックによる不動産マーケティングの転換」赤木正幸，浅見泰司，谷山智彦（編）『不動産テックを考える』プログレス，pp.121-134

伊藤嘉盛（2019）「不動産テックで変わりつつある不動産賃貸業務」赤木正幸，浅見泰司，谷山智彦（編）『不動産テックを考える』プログレス，pp.205-216

北崎朋希（2019）「テクノロジーによる都市計画の歪みの顕在化と変革の兆し」赤木正幸，浅見泰司，谷山智彦（編）『不動産テックを考える』プログレス，pp.91-103

鬼頭武嗣（2019）「不動産取引におけるクラウドファンディング活用」赤木正幸，浅見泰司，谷山智彦（編）『不動産テックを考える』プログレス，pp.105-117

木村幹夫（2019）「登記ビッグデータから見える不動産テックの今後」赤木正幸，浅見泰司，谷山智彦（編）『不動産テックを考える』プログレス，pp.231-242

重松大輔（2019）「不動産市場におけるシェアリングエコノミーの影響」赤木正幸，浅見泰司，谷山智彦（編）『不動産テックを考える』プログレス，pp.153-169

清水千弘（2017）「ビッグデータで見る不動産価格の決まり方」『日本不動産学会誌』31（1），pp.45-51

武井浩三（2019）「不動産オーナーと管理会社をつなぐ「OwnerBox」から見る不動産テック業界の未来」赤木正幸，浅見泰司，谷山智彦（編）『不動産テックを考える』プログレス，pp.191-204

谷山智彦（2019）「不動産テックとは何か」赤木正幸，浅見泰司，谷山智彦（編）『不動産テックを考える』プログレス，pp.15-33

成本治男（2017）「不動産 Tech の概要と法的問題点」『日本不動産学会誌』31（1），pp.36-44

沼倉正吾（2019）「不動産・建築テックにおける xR の現状と未来」赤木正幸，浅見泰司，谷山智彦（編）『不動産テックを考える』プログレス，pp.217-229

芳賀一生（2019）「国内外の事例から見る不動産テックの必要性―次世代へバトンを繋げるために―」赤木正幸，浅見泰司，谷山智彦（編）『不動産テックを考える』プログレス，pp.171-189

巻口成憲（2019）「AI 価値分析による不動産取引拡大の可能性」赤木正幸，浅見泰司，谷山智彦（編）『不動産テックを考える』プログレス，pp.135-152

山崎俊彦（2019）「深層学習を用いた類似間取り検索」赤木正幸，浅見泰司，谷山智彦（編）『不

第 1 部　不動産テックの発展

動産テックを考える』プログレス，pp.55-73

不動産テックとは何か

ビットリアルティ株式会社 取締役
株式会社野村総合研究所 上級研究員

谷 山 智 彦*

　最近，第4次産業革命（Industry 4.0）や超スマート社会（Society 5.0）の実現に向けて，人工知能やビッグデータ，IoT（モノのインターネット）やブロックチェーン（分散型台帳）などのテクノロジーに注目が集まっている。そして，日進月歩で進化するこれらのテクノロジーを用いて，利便性・汎用性が高く，コスト競争力があり，新しい付加価値を創出するサービスがさまざまな業界で登場している。

　実際に，金融業界では，これらの新しいテクノロジーを活用した「フィンテック（Fintech）」が話題になっているが，金融以外の分野においても「クロステック（X-Tech）」と呼ばれる領域が急速に広がりつつある。その動きは，ともすると保守的で伝統的だと揶揄されることもある不動産業界も例外ではなく，「不動産テック（PropTech）」と呼ばれる新しい不動産サービスが国内外で次々と

＊たにやま　ともひこ
慶應義塾大学総合政策学部，同大学院，大阪大学大学院経済学研究科博士課程修了。博士（経済学）。2004年に株式会社野村総合研究所に入社後，主に不動産・インフラ等のオルタナティブ資産に関する調査研究およびデータサイエンス業務に従事。2017年11月より野村総合研究所とケネディクスとの合弁会社であるビットリアルティ株式会社の取締役に就任し，不動産テック事業を推進。また，国土審議会企画部会専門委員，内閣府「都市再生の推進に係る有識者ボード」委員等の他，早稲田大学ビジネススクール等で非常勤講師を務める。

登場している。

　それでは，そもそも不動産テックとは何だろうか。不動産業界における従来
のデジタル化やIT活用と何が異なるのだろうか。そして，今後の不動産業界は，
不動産テックによって，どのような姿に生まれ変わるのだろうか。本章では，
不動産テックの概要と全体像，業界や市場に及ぼすインパクト，そして近未来
の不動産市場の方向性について紹介する。

1. 不動産テックの定義

　不動産テック（PropTech）とは，不動産（Property）とテクノロジー（Technology）
を組み合わせた造語である[注1]。しかし，その本質は，単純に不動産業務に
おいて情報技術（IT）を利用するということではない。現在でも，多くの不動
産会社は自社ホームページを開設しているし，その業務において当然インター
ネットや電子メールを利用している。業界全体としても，不動産会社間で物件
の情報交換を行うコンピュータ・ネットワーク・システム「REINS（レインズ）」
が稼働したのは1990年である。当時はパソコンよりもワープロ専用機の方が
売れていた時代であり，当初はREINSのホスト・コンピュータにFAXで接
続する必要があったが，現在ではパソコンの普及に伴い，当然ながらインター
ネット接続が大半を占める。つまり，日本国内の不動産業務においてもデジタ
ル化は進んでおり，決して情報技術（IT）が利用されていないわけではない。

　それでは，この数年で新たに注目されつつある不動産テックとは一体何だろ
うか。金融業界におけるフィンテックの動きに感化され，単に流行り言葉（バ
ズワード）としてメディアで取り上げられているだけなのだろうか。実際に，
不動産テックに対する関心度の推移を見てみると，図1に示したように，2016
年頃からグローバルで急速に高まっている。金融とテクノロジーの融合として
フィンテックに関心が高まり始めた2014年頃から2年ほど遅れて，この不動
産テック（PropTech）という言葉に注目が集まってきている。

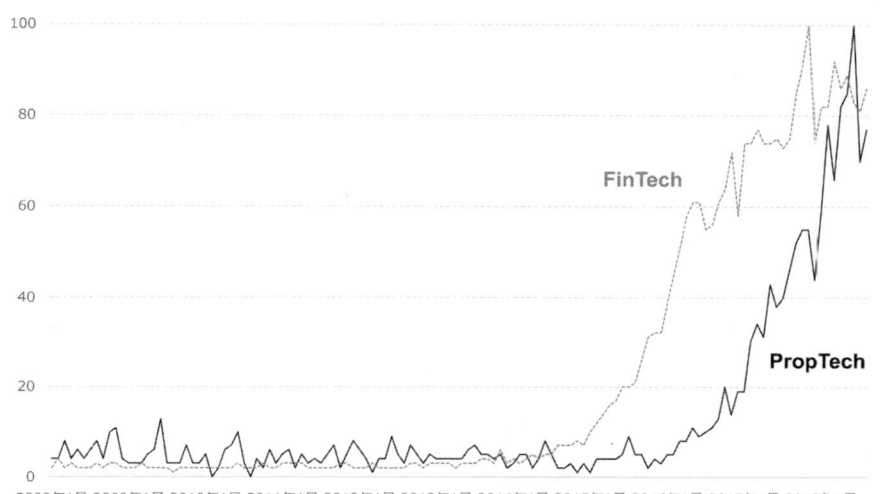

図1　不動産テックとフィンテックの注目度の推移
（注）　それぞれの検索ボリュームの最大値を 100 としたもの。
（出所）　Google Trends より筆者作成。

　現在，グローバルに注目を集めている不動産テックは，一言でいえば，「不動産に関連する個々の事業・サービスに対して，さまざまな先端テクノロジーを活用して，新たな付加価値を生み出す概念」となるだろう。ただし，一口に不動産といっても，関連するビジネスやサービスは，取得・開発から，分譲・賃貸仲介，資産・物件管理，査定・調査，投資・融資など極めて多岐にわたる。また，これらの個々の機能・サービスに対して応用するテクノロジーの範囲も非常に幅広い。IoT やビッグデータ，人工知能だけではなく，スマートフォンや VR（仮想現実）などのデバイス機器，SNS や位置情報，そしてブロックチェーンなどを用いたサービスが続々と登場している。
　そして，フィンテックが過去の金融技術革新とは明らかに異なる性質を帯びているのと同様に，不動産テックも過去の単なる「デジタル化」とは大きく異なる性質がある。それは，業務プロセスや特定の作業を効率化するためにデジタルツールを活用するのではなく，新しいビジネスモデルを構築し，事業を変

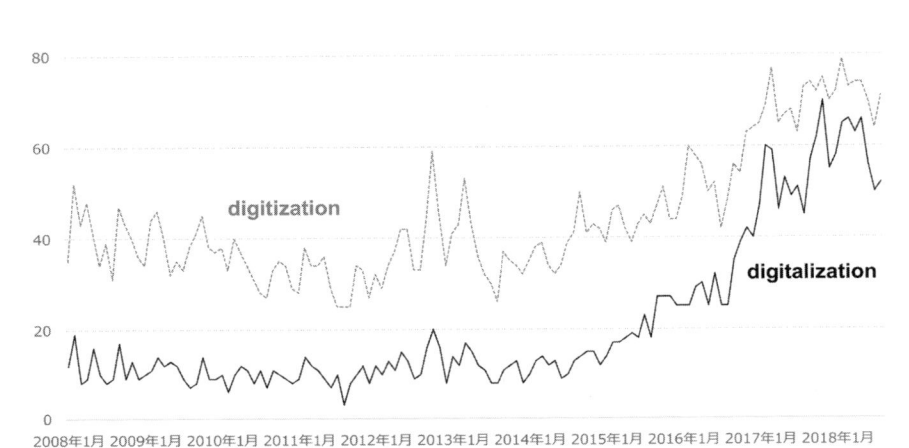

100

80

60

digitization

40

digitalization

20

0

2008年1月 2009年1月 2010年1月 2011年1月 2012年1月 2013年1月 2014年1月 2015年1月 2016年1月 2017年1月 2018年1月

図 2　2 つのデジタル化——デジタイゼーションとデジタ "ラ" イゼーション
（出所）　Google Trends より筆者作成。

革させるためのデジタル化であることである。

　後者のデジタル化は，米国のガートナー社が提唱した「デジタライゼーション（digitalization）」であり，前者は従来の「デジタイゼーション（digitization）」となる。日本語でいえば両者とも「デジタル化」であるが，不動産テックは不動産業界におけるデジタイゼーションではなく，不動産業界のデジタ "ラ" イゼーションであることを意識すべきである。これも両者の注目度の推移を見てみると，図 2 に示した通り，フィンテックに注目が集まり始めた 2014 年頃からデジタライゼーションに関心が高まっており，今では従来のデジタイゼーションと同じ程度まで人々の関心を集めていることが分かる。

　ここで，両者の「デジタル化」について詳しく見てみると，従来のデジタイゼーションとは，アナログ情報を 0 と 1 で示すデジタル情報に変換することや，デバイス機器やデジタルツールなどを活用して業務プロセスの一部や全体を効率化することを意味する。そして，デジタライゼーションとは，デジタルを活用することで新しいビジネスモデルを構築することや，事業そのものの変革を

行うことである。これは「デジタル・トランスフォーメーション（DX）」とも呼ばれ，単に業務効率を向上させるという従来の「デジタル化」の延長線上にはない概念である。

　具体的には，両者の違いとして，部分最適なのか全体最適なのか，守りのデジタル化なのか攻めのデジタル化なのか，クローズなのかオープンなのか，などのキーワードで語られることが多い。実際に，1980年代から1990年代までの「IT革命」の初期においても，不動産分野においてITを活用したサービスを展開しようと試みたプレイヤーは多数存在していた。しかし，初期のプレイヤーは，どちらかといえば業務の部分最適を目指し，守りのデジタル化を行い，テクノロジーやプラットフォームをクローズにして囲い込む戦略を取ることが多かった。ところが，近年のプレイヤーは，クラウドの活用やオープンイノベーションの追求など，オープンなプラットフォームを展開し，ビジネスや市場全体の最適化を目指した攻めのデジタル化に転じている。つまり，不動産のデジタル化といっても，従来とはその概念や性質が大きく異なってきているのである[注2]。

　たとえば，不動産テック分野でグローバルに提言を行っているJames Dearsley氏は，不動産テックの定義として，以下のように紹介している[注3]。

　　　不動産テックとは，不動産業界の広範なデジタル・トランスフォーメーションの内の小さな一部分である。データの収集，不動産の取引や都市のデザインなどに対するテクノロジー主導のイノベーションに関して，不動産業界内のプレイヤーや消費者に考え方の変化を引き起こす動きである。

　つまり，いま注目を集めている不動産テックとは，不動産業務において単にデジタルツールを活用するというものではない。新しいテクノロジーを活用することで，不動産に関連する事業や市場を変え，そして不動産に関わる人々の意識そのものを変革するデジタル・トランスフォーメーションを目指す動きで

ある。

2. 不動産テックの全体像

　既に示したように，不動産テックとは，不動産に関連する個々の事業・サービスに対して，さまざまな先端テクノロジーを活用して新たな付加価値を生み出し，不動産業界のデジタライゼーション，デジタル・トランスフォーメーションを目指す動きである。しかし，不動産テックは，単に不動産業界だけに留まる話ではない。

　不動産業界は，極めて裾野の広い産業であり，用途としてもオフィス，住宅（戸建住宅，マンション），商業施設，物流施設，工場などがあり，その業務としても取得・開発，分譲・賃貸仲介，資産・物件管理，査定・調査，そして投資・融資など極めて多岐にわたる。そして市場構造としても資産市場と空間市場があり，そこにはストックとフロー（建築着工）がある。そのため，不動産テックも他業界での動きを包含する広範な概念となり，金融業や建設業などの近接する業界だけではなく，空間の所有や賃貸に加えて新たに登場しつつある利用形態である「共有（シェア）」の考え方なども含まれてくる。

　そこで，これらの複合的な業界動向や考え方を踏まえ，不動産テックの概念図を整理したのが図3である[注4]。不動産とは密接不可分である金融業界のフィンテック，そして同じく密接不可分である建設業界の建設テック（ConTech, i-Construction）とは，重複する部分が当然多くなってくる。特にフィンテックとの重複部分は，不動産フィンテック（Real Estate Fintech）とも呼ぶことができ，住宅ローンに関するモーゲージ・テック（Mortgage Tech）や投資型のクラウドファンディング[注5]など，不動産金融に関連するさまざまなサービスが存在する。

　また，近年注目を集めているシェアリング・エコノミーに関しても，民泊やコワーキング・オフィスに代表されるように，空間の共有（シェア）という考

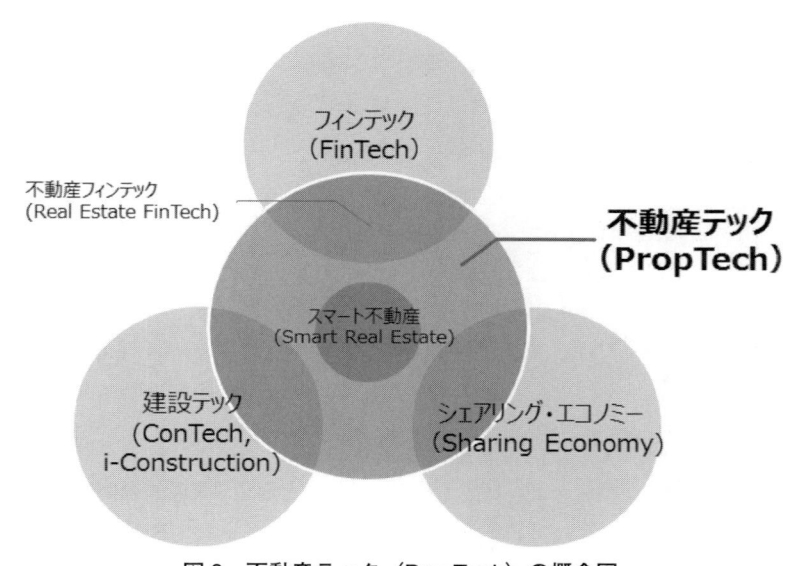

図3　不動産テック（PropTech）の概念図
（出所）　Baum（2017）などを参考に筆者作成。

え方は，同じく不動産テックと重複する部分となってくる。さらに空間のシェアだけではなく，将来的にはモビリティ（交通や流通など）の共有（シェア）も，不動産業界に影響を及ぼしてくるだろう。

　そして，不動産や都市を「スマート」にするスマート・ビルディングやスマートシティなどの，主にIoT機器を活用した「スマート不動産」とも呼べる取組みは，フィンテックや建設テック，シェアリング・エコノミーとは異なり，不動産そのものに対する動きであるため，不動産テックの内部に含まれる概念といえるだろう。

　それでは，概念としてはこのように整理できる不動産テックは，どのようなテクノロジーを用いて，不動産の何を変えるのだろうか。ここで図4に，不動産テックが主に変えると思われる3つの領域と，それに関連する周辺の要素技術を示した。

　不動産分野における新たなテクノロジー活用の動きは，不動産テック企業の

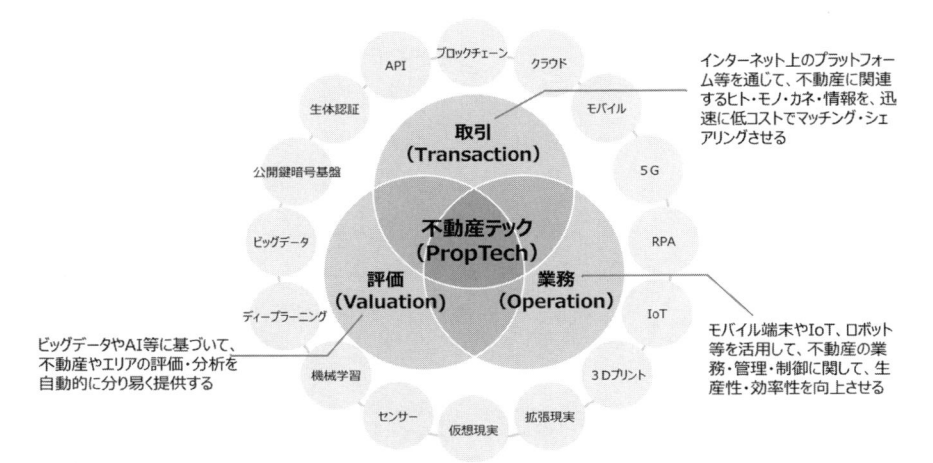

図4　不動産テックが変える3つの領域と周辺の要素技術例

（出所）　筆者作成。

先進事例などを見ると，(1)不動産の取引（Transaction），(2)評価（Valuation），そして(3)業務（Operation）の各分野において革新的なサービスを展開しようとしていると整理できる[注6]。ここでは，それらの領域毎に，どのようなイノベーションが起きつつあるのかを簡単に紹介してみよう。

(1)　不動産の取引（Transaction）系サービス

　まず，不動産の取引（Transaction）系サービスは，インターネット上のプラットフォームやマーケットプレイスなどを通じて，不動産に関連するヒト・モノ・カネ・情報などを，迅速に低コストでマッチングもしくはシェアリングするサービスである。不動産に関連する「マッチング」と聞くと，不動産というモノを売買したいヒト同士をマッチングする不動産仲介的なサービスを想定することが多いと思われるが，決してそれだけではない。

　具体的には，不動産売買・賃貸などの検索・仲介・契約を全てオンライン上で実現するプラットフォーム，不動産のシェアリング・エコノミーとして，Airbnbに代表されるような空き家や空きスペースの流通・有効活用を促進す

るサービス，不動産市場に新たなお金の流れを構築する投資型クラウドファンディング，不動産プレイヤーのクラウド・ソーシング，そして不動産プレイヤー間の情報のシェアリングサービスなどが存在する。その背景には，スマートフォンやタブレットなどのモバイル機器やクラウドサービスの発展，セキュリティ技術やブロックチェーンなどの基盤技術の進展がある。

　これらのサービスは，不動産に係るヒト・モノ・カネ・情報を，従来よりも飛躍的に素早く，効率的にマッチング・シェアリングさせることが可能であり，不動産取引などの生産性向上だけではなく，不動産取引市場そのものの拡大や，プラットフォームを通じた資産・資金の有効活用を促進させることができる。

(2)　不動産の評価（Valuation）系サービス

　次に，不動産の評価（Valuation）系サービスでは，従来は情報の不透明性・非対称性が大きかった領域や，たとえプロであっても「勘と経験と度胸」に基づいて意思決定していた領域において，人工知能などによるビッグデータ解析に基づいて客観的な評価情報を分析・提供するサービスがある。これも不動産価格を自動的に査定するようなサービスを思い浮かべることが多いが，求めたいのは決して価格だけではない。

　具体的には，不動産価格を自動的に瞬時に査定する分析エンジンに留まらず，現時点では統計値が公表されていない不動産市場の「現在」をナウキャスト（現在予測）するサービス，多様なビッグデータに基づいて不動産の所有者属性を推定し，不動産マーケティングの高度化を支援するサービス，そしてオープンデータを幅広く収集・集約化して地域や個別不動産の評価情報などを分かりやすく提供するサービスなどがある。その背景には，IoT によるデータ収集，ビッグデータの蓄積，そして機械学習やディープラーニングなどの人工知能の発展がある。特に，これらのサービスは，それ自体でビジネスになるというよりも，不動産の取引（Transaction）系や業務（Operation）系などの，他の不動産テックサービスの基盤となることが多い。そして，これらのサービスは，不動産に関連する情報の透明性を飛躍的に向上させるだけではなく，不動産に関わる意

思決定を高度化させ，不動産市場の活性化や資産の有効活用を促進させることができるものである。

(3)　不動産の業務（Operation）系サービス

　最後に，不動産の業務（Operation）系サービスでは，モバイル機器やIT ツールを活用して，不動産業務フローの効率性・生産性を向上させるサービスである。これは不動産に係るバリューチェーン上の各機能のうち，従来は非効率で労働集約的だった一部の機能を，ロボットや人工知能の活用，データの共有化，IoT などによって効率化させ，労働生産性を向上させるサービスである。これは従来の不動産業務における IT 活用やデジタイゼーションに近いサービスも存在するが，ビッグデータや人工知能等を用いた革新的なビジネスモデルやサービスも存在する。

　また，これら不動産の取引・評価・業務に関わるサービスは，当然，複数の領域を組み合わせてビジネスモデルを構築することが多い。たとえば，オンラインで不動産の取引を行うプラットフォームでは，物件情報を分かりやすくするための情報サービスを組み入れたり，契約などに関する特定の業務プロセスを効率的にしたりするだろう。何か特定の要素技術を用いて特定の領域だけを効率化するだけではなく，さまざまな他のサービスと連携することで，「API エコノミー」とも呼ばれる新しい経済圏を創出することができる。

3.　不動産テックがもたらすインパクトと市場構造の変化

　既に述べたように，急速に発展するテクノロジーを用いて，不動産の取引・評価・業務に数々のイノベーションを起こす不動産テック企業が次々と誕生している。たとえば，不動産の流通サービスに限ってみても，住宅価格の自動査定に留まらず，顧客対応や物件確認などの業務フローの効率化・自動化，顧客の特性に応じたアドバイスの高度化，そして不動産のネット仲介など，テクノ

ロジーによる業務代替の可能性はさまざまな領域が想定される。これらは生産性の向上だけではなく、不動産業界にとって長年の課題でもあった中古流通市場の拡大にも寄与するだろう。

しかし、これらの不動産テックの進展に伴い、今後の不動産業界はどのように変わっていくのだろうか。そして、特に従来の不動産プレイヤーは、どのように対応すべきなのだろうか。これらの問いに答えるには、金融業界におけるフィンテックの動向が参考になるだろう。フィンテックに関連するさまざまな動きは、不動産テックの今後の方向性を考える上で極めて重要な示唆を与える。実際にフィンテックで生じている動きのほとんどは、不動産に関連するビジネスでも想定され得ることである。

そこで、先行するフィンテックの動向を踏まえ、不動産業界が特に参考にすべきなのは、大きく2つに整理できる。それは、(1)既存バリューチェーンの「アンバンドリング化（機能の分解）」とプラットフォーム戦略の重要性、そして(2)台頭する「ミレニアル世代」への対応である。

(1) 既存バリューチェーンの「アンバンドリング化（機能の分解）」とプラットフォーム戦略の重要性

まず、既存バリューチェーンのアンバンドリング化については、個別のサービスに特化した不動産テック企業の登場により、従来はバリューチェーン戦略を重視していた不動産ビジネスが個々の機能別に分解されていくことが想定される。「不動産と金融の融合」といわれた2000年以降、不動産業界では物件の開発・保有・運用などの業務が分業化・分社化され、アンバンドリング化が進展してきた経緯があるが、再び不動産に係る機能・サービスのさらなる分解がテクノロジー主導で進むことになる。

図5は、不動産ビジネスのアンバンドリング化と、それに伴って重要性を増すプラットフォーム戦略のイメージ図である。従来は、バリューチェーン戦略として、バリューチェーンのどの部分を自社が行うべきかを重視し、フルパッケージ型のサービスを展開するプレイヤーが多く見られた。しかし、個別の機

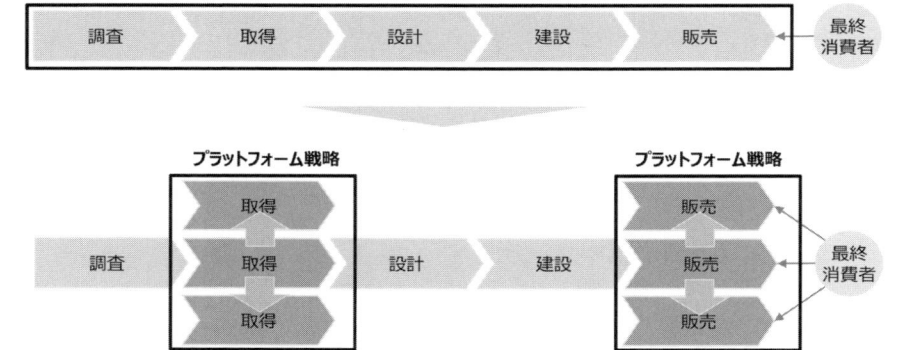

図5　不動産ビジネスのアンバンドリング化に伴うプラットフォーム戦略のイメージ
（出所）　根来（2017）を参考に筆者作成。

能・サービスに特化した不動産テック企業が登場することで，バリューチェーンをオープン化（レイヤー構造化）させ，選択的チャネルを構築するプラットフォーム戦略が重要になってくるだろう（注7）。

　さらにアンバンドリング化された後の個々の不動産サービスは，再び最適な組合わせにリバンドリング（再統合）されることになるだろう。つまり，従来のフルパッケージ型サービスの提供から，個々の特化型サービスの最適な組合わせを提供する形へと，不動産ビジネスの構造が変化する可能性がある。たとえば，不動産の取引（Transaction）に関するプラットフォームを基盤として，評価（Valuation）や業務（Operation）の高度化を担う個別サービスが複数組み合わさることで，オープンで全体最適されたビジネスモデルが構築されるようになるだろう。そして，このような産業構造の転換により，規模の経済が働き，異業種・異業界からの新規参入も活性化されるため，不動産業界自体の生産性・効率性や産業規模としての拡大に寄与することにもなるだろう。

⑵　台頭する「ミレニアル世代」への対応

　次に，先行するフィンテックの動向から不動産業界が参考にすべき点として，

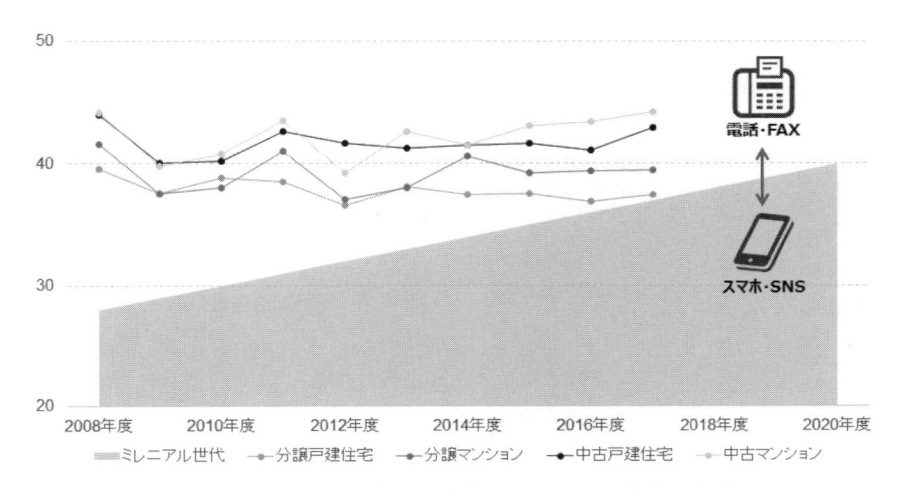

図6　住宅の取得者年齢の推移とミレニアル世代の台頭

（注）　2011年度までは住宅取得者の平均年齢，2012年度以降は一次取得者の平均年齢。
（出所）　国土交通省「住宅市場動向調査」より筆者作成。

顧客となる年代そのものの「デジタル化」を挙げることができる。一般に，
2000年代以降に成人あるいは社会人になる世代を「ミレニアル世代」と呼ぶが，
この世代はインターネットが当たり前の環境で育った最初の世代であり，情報
リテラシーに優れていると言われる（注8）。米国では約7,700万人（全体の約
24％）と，ベビーブーマー世代を超える最大の世代であり，2020年には労働人
口の3分の1がミレニアル世代になるといわれている。

　このミレニアル世代の台頭は，各産業のビジネスモデルを次々にテクノロ
ジー主導に切り替えてきた。ミレニアル世代が10代の頃から接してきた小売
業は早くから電子商取引（EC）に対応してきたし，また遅くとも20代にはサー
ビスを受けることになる金融業界でもネットバンキングなどの取組みや現在の
フィンテックが進展してきた。そして，このミレニアル世代は，2020年頃に
は40歳を迎えることになる。

　ここで，不動産に関連するサービスの受け手（消費者）の年代についてみて
みると，図6に示したように，日本では住宅取得者の平均年齢は概ね40歳前

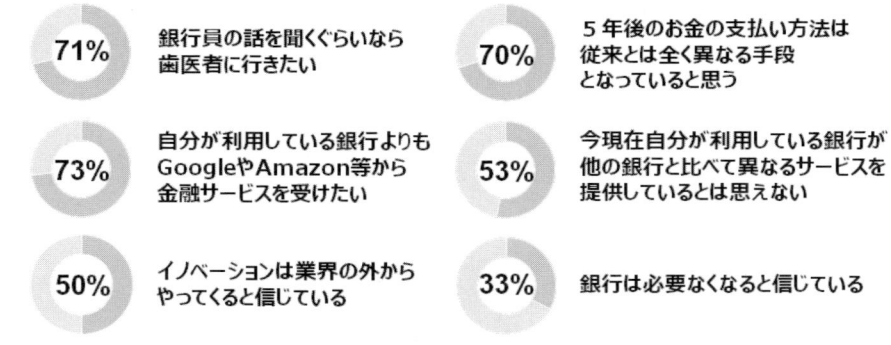

図7　ミレニアル世代の特徴

（出所）　Scratch（2015）"Millennial Disruption Index" より筆者作成。

後となっている。これは，従来からほとんど変化していない。しかし，この40歳前後という年齢層そのものの属性が，今後大きく変わってくることになる。従来の不動産流通に関するサービスは，企業側も消費者側もアナログな対応で大きな問題は生じなかったかもしれない。

　しかし，図7に示したように，ミレニアル世代は今までの世代とは大きく異なる特徴を有している。これは金融サービスについて調査した結果であるが，もしかしたら銀行だけではなく，不動産会社も必要なくなると信じているかもしれない。

　そして，不動産テックで先行する米国や中国などでは，日本よりも不動産サービスを受ける年齢が比較的若く，すでに台頭するミレニアル世代への対応が喫緊の課題となっている。海外で先行して不動産テック企業が勃興している理由の一つとして，このようなユーザー側の求めるものの変化に伴って，新たなサービスが必然的に登場していると考えることもできるだろう。不動産サービスの受け手としてミレニアル世代が台頭してくることは，決して日本だけが逃れられるわけではない。日本の不動産業界でも，今後の消費者ニーズを見据えたサービスを開発していくべきだろう。

4. 求められるデジタル不動産エコシステムの構築

　筆者は，世の中がフィンテックに注目し始めた 2014 年頃から，同じような動きが不動産業界でも起こるはずだと考え，シンクタンクの研究員として国内外の不動産テックの動向を調査しつつ，不動産に関するビッグデータに基づいた学術的な研究やさまざまな提言を行ってきた [注9]。

　当時は，まだ不動産テックという言葉が定着しておらず，この不動産×テクノロジーの領域を何と呼べばよいのか思案していたことを覚えている。期せずして，その頃の悩みは「FinTech にあやかりたい」というタイトルでメディアの記事にもなってしまったが，当時に比べれば，「不動産テック」という言葉は定着してきたように思う [注10]。

　そして，筆者も 2000 年代以降に社会人になった一人として，第三者的に不動産テックについて提言するだけではなく，自らもプレイヤーとして不動産テック事業を推進したいと思い，社内外でのさまざまな試行錯誤の末，所属する野村総合研究所とケネディクスの合弁会社として，ビットリアルティ株式会社を立ち上げた [注11]。本章では，ビットリアルティ株式会社の事業については紹介しないが，不動産テックに関する研究者とスタートアップ企業の実務家という両方を知る立場から，ここでは今後の不動産テックの展望と課題について示してみたい。

　まず，今後の日本の不動産業界においては，有史以来初めてとなる長期的な人口減少という大きな転換期の中で，持続的に経済成長していくためには，生産性や効率性を向上させる何らかの「産業革命」が必要ではないだろうか。そのためには，新しい産業として不動産テック企業を育成・振興し，生産性や効率性などの非連続的な成長も促すべきではないだろうか。それとも，海外から新進気鋭のプラットフォームが黒船のように上陸するのを待ち，日本の不動産プレイヤー達は，その下請けとなる道を選ぶのだろうか。

　将来の人口減少下での経済成長を支えるためには，民間企業の有機的な連携

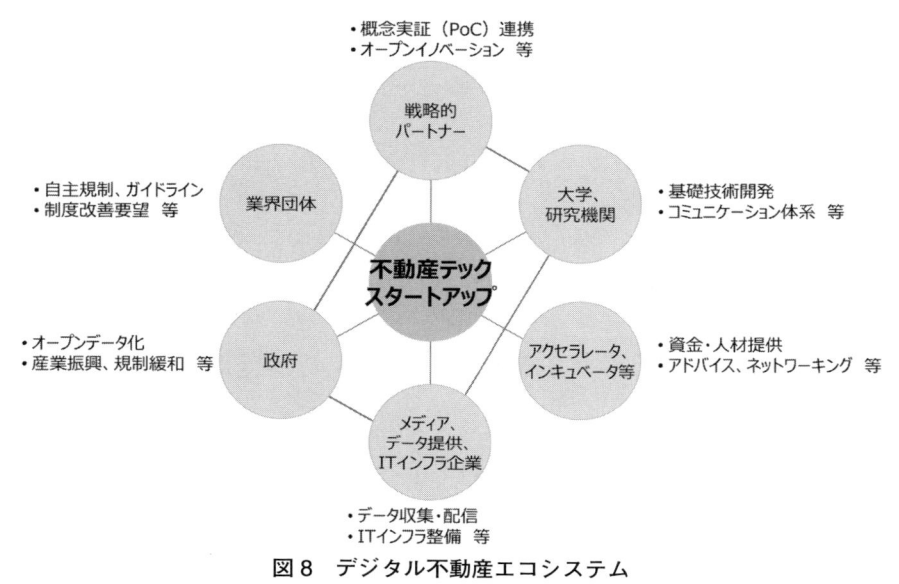

・概念実証（PoC）連携
・オープンイノベーション　等

戦略的
パートナー

大学、
研究機関

・基礎技術開発
・コミュニケーション体系　等

・自主規制、ガイドライン
・制度改善要望　等

業界団体

不動産テック
スタートアップ

・オープンデータ化
・産業振興、規制緩和　等

政府

アクセラレータ、
インキュベータ等

・資金・人材提供
・アドバイス、ネットワーキング　等

メディア、
データ提供、
ITインフラ企業

・データ収集・配信
・ITインフラ整備　等

図8　デジタル不動産エコシステム

（出所）　筆者作成。

　による革新的なビジネスの創出支援などを通じて，国・地方自治体，業界団体，大学・研究機関，民間企業，投資家，メディアやデータ提供会社，そして起業家たちが循環しながら広く共存共栄していく「デジタル不動産エコシステム」の形成を早急に図るべきである。

　図8に，そのデジタル不動産エコシステムの概念図を示したが，不動産テックを展開するスタートアップ企業だけではなく，それを取り巻く各プレイヤーが相互に連携・協業し，日本の不動産業界や不動産市場を成長させていく仕組みを構築すべきだろう。

　特に既存の大手企業にとって，新規事業の立ち上げは極めて困難であることは身をもって知ったものの，さまざまなスタートアップ企業や大学・研究機関などとのオープンイノベーションを通じて，新しい不動産ビジネスモデルの構築を検討すべきだろう。そして，これらの不動産テックを推進するスタートアップ企業に対して，資金や技術，場所やデータなどを提供し，不動産業界のデジ

タライゼーション，デジタル・トランスフォーメーションを進展させるべきである。

　また，民間での取組みだけではなく，政府によるオープンデータ化の推進や産業振興，規制緩和の取組みも重要である。従来から取り組んでいる不動産情報基盤の整備だけに留まらず，サンドボックス制度などを活用した規制緩和やサポートデスクの設置など，民間企業の創意工夫を最大限に活用できるように，官民が連携した支援策や規制緩和も必要となるだろう。そして，不動産テックを推進するスタートアップ企業側についても，自らのコンプライアンスの徹底や不動産テック業界としての自主規制のあり方など，エコシステムとして共存共栄していくための真摯な取組みが求められる。

　日本の不動産業界に大きなイノベーションをもたらすような，日本版の「不動産テック」の台頭に期待したい。

〈参考文献〉

Baum, Andrew（2017）"PropTech 3.0 : the future of real estate", Said Business School, University of Oxford.

Dearsley, James（2018）"What is PropTech?", http://www.jamesdearsley.co.uk/（2018 年 8 月 31 日アクセス）

石島博，谷山智彦（2010）「個別性と歪みを考慮した住宅価格分析とパーソナル・ファイナンスへの応用」『ファイナンシャル・プランニング研究』10, pp. 4-17〈FP 学会賞（初の最優秀論文賞）〉

石島博，前田章，谷山智彦（2015）「不動産投資における市場リスクのファクターモデル」『情報処理学会論文誌：数理モデル化と応用』8(2), pp. 1-9

谷山智彦（2012）「情報化時代の不動産投資分析」野村総合研究所『金融 IT フォーカス』2012 年 8 月号

谷山智彦（2015）「不動産と金融の融合から不動産と情報技術の融合へ」野村総合研究所『金融 IT フォーカス』2015 年 7 月号

谷山智彦（2016a）「不動産と情報技術の融合：不動産テック」国土計画協会編『人と国土

21』pp.24-25

谷山智彦（2016b）「人工知能とビッグデータが変える不動産投資市場」野村総合研究所『金融 IT フォーカス』2016 年 6 月号

谷山智彦（2017）「拡大するオルタナティブ・ファイナンス市場」野村総合研究所『金融 IT フォーカス』2017 年 12 月号

谷山智彦（2018a）「人工知能の進化がもたらす産業構造と市場構造の変化」日本経営協会編『オムニ・マネジメント』2018 年 1 月号

谷山智彦（2018b）「不動産テックの現状と展望」土地総合研究所編『不動産テックの課題』第 2 章所収，東洋経済新報社，pp.35-47

谷山智彦（2018c）「テクノロジーの活用による不動産市場の活性化」不動産政策研究会編『不動産経済分析』第 12 章所収，東洋経済新報社，pp.194-207

谷山智彦，本間純，川口有一郎（2014）「不動産市場における情報伝播：価格先行指標としてのニュース記事とインターネット検索量」『ジャレフ・ジャーナル』7，不動産ファイナンス・不動産経済学研究

根来龍之（2017）『プラットフォームの教科書：超速成長ネットワーク効果の基本と応用』日経 BP 社

（注 1）　不動産テックは，英語では Real Estate Tech，RE Tech，PropTech，Real Estatech，CRE Tech などと，さまざまに表記されることが多いが，本章では，近年グローバルに一般的に用いられるようになってきた「PropTech」という記述を用いている。なお，フィンテックは造語としての FinTech から，一つの単語としての Fintech へと，グローバル標準として一般化されつつあるものの，PropTech に関しては未だ造語としての意味合いが強いため，現時点においては Tech を大文字として表記している。

（注 2）　Baum（2017）では，初期の不動産テックを PropTech 1.0，現在の不動産テックを PropTech 2.0，そしてブロックチェーン等の次世代技術を用いた不動産テックを PropTech 3.0 と呼んでいる。

（注 3）　James Dearsley 氏による不動産テックの定義は，http://www.jamesdearsley.co.uk/ を参照のこと。

（注 4）　Baum（2017）は，不動産テックの概念図をフィンテック，不動産フィンテック，シェアリング・エコノミー，そしてスマート不動産の組合わせとしてサブセクターを定義しているが，ここでは建設テックも重複する部分が多いため，それを加えている。

（注 5）　クラウドファンディングについては，資金調達手段の代替性という観点から「オルタナティブ・ファイナンス（Alternative Finance）」と呼ばれる幅広い概念にも含まれる。

（注 6）　Baum（2017）では，取引（Transactions / Marketplace），情報（Information），そ

して管理・制御（Management / Control）の 3 つが主要なポイントであると整理している。

(注7)　プラットフォーム戦略については，詳しくは根来（2017）などを参考にされたい。

(注8)　デジタル・ネイティブ世代やジェネレーション Y ともいう。

(注9)　石島・谷山（2010）や石島・前田・谷山（2015）は不動産取引データに基づいた価格分析モデルとその応用について，谷山・本間・川口（2014）は不動産に関するニュース記事データおよび Google の検索データを用いた不動産市場分析モデルについて示している。そして，不動産テックに関しては，谷山（2012），谷山（2015），谷山（2016a），谷山（2016b），谷山（2017），そして谷山（2018a），谷山（2018b），谷山（2018c）等の一連の著作を参照されたい。

(注10)　日経コンピュータ「記者の目：「FinTech」にあやかりたい」2016 年 2 月。

(注11)　野村総合研究所「ケネディクスと NRI が不動産テック分野での協業に向けた基本事項に合意〜不動産の投資型クラウドファンディング事業会社「ビットリアルティ」を設立〜」2017 年 8 月 10 日プレスリリース。

カオスマップから読み解く 不動産テックの現在と将来

リマールエステート株式会社 代表取締役

赤 木 正 幸*

1. 不動産テックとは

　不動産テックとは，一言でいえば，「不動産業界が IT やテクノロジーを活用する動き」のことであると，筆者は捉えている。Real Estate（不動産）× Technology（テクノロジー）で「ReTech」，あるいは Property（不動産）× Technology（テクノロジー）で「PropTech」と呼ばれ，海外では「PropTech」が用いられることが多い（Andrew, 2017）。

---

*あかぎ　まさゆき

早稲田大学法学部卒業，同大学院政治学研究科修士課程修了，明治大学大学院グローバル・ビジネス研究科修士課程修了。MBA。早稲田大学大学院政治学研究科博士課程修了。コロンビア大学院（CIPA），ニューヨーク大学院（NYUW）にて客員研究員を歴任。リマールエステート株式会社 代表取締役社長 CEO。一般社団法人不動産テック協会 代表理事。森ビル J リートの投資開発部長として不動産売買と IR 業務を統括するとともに，地方拠点 J リートの上場に参画。太陽光パネルメーカー CFO，三菱商事合弁の太陽光ファンド運用会社の代表取締役社長 CEO を歴任。不動産と太陽光をあわせ，クロージング実績は 3,500 億円以上にのぼる。2016 年に不動産テックに関するシステム開発やコンサル事業を行うリマールエステートを起業。日本初の不動産テック業界マップを発表するとともに，不動産テックに関するセミナーや研究会を多数開催。不動産企業や IT 企業に対して不動産テックコンサルを実施。自社においても不動産売買支援クラウド「キマール」を開発するとともに，「不動産テック案内所」を運営するなど，日本における不動産テックの第一線で活動。

　従来から不動産業者が使っているメールや Excel なども不動産テックと呼ぶことは可能であるが，ここ数年の動きとして，新たな IT 技術やテクノロジーによって不動産業の生産性や付加価値を向上させるものが不動産テックとして注目されている（谷山，2017）。

　シェアリングやクラウドファンディング，IoT や VR，そして AI などの新しいテクノロジーを用いたシステムやサービスが，海外企業やベンチャー企業によって提供されており，これらが不動産テックと位置づけられている。

┃ 2.　不動産テックの動向

(1)　不動産テックカオスマップ

　不動産テックをかかげる企業や製品，そしてサービスが市場に増え始めている。実態についての全体像把握が必要であると考え，NTT データ経営研究所の川戸氏，QUANTUM 社の井上氏，その他の有識者に筆者も加わり，不動産テック業界を俯瞰するために作成したのが「不動産テックカオスマップ」である（川戸，2017）。

　［第1版］（**図1**）は 2017 年 6 月に公表され，［第2版］（**図2**）は 2017 年 7 月，そして ［第3版］（**図3**）は 2018 年 3 月に公表されている。また，最新版である ［第4版］（**図4**）は，作成が一般社団法人不動産テック協会に移管され，2018 年 11 月に公表された。なお，作成に際しては海外の不動産テックカオスマップ等をも参考にしている（Venture Scanner，2018）。

　［第1版］から ［第2版］への変更点としては，掲載サービス数が増えたことだけではなく，分類軸の「to C ↔ to B」「テクノロジー ↔ データ・情報」を廃止したことが大きい。これは，2 軸による単純な分類が誤解を生じさせると判断したからである。たとえば，「サービスの最終利用者は入居者であるが，サービス導入者はオーナーである不動産会社」のような場合，このサービスは

図1　［第1版］不動産テックカオスマップ（2017年6月）

（出所）　リマールエステート株式会社，株式会社 QUANTUM，川戸温志にて作成。

図2　［第2版］不動産テックカオスマップ（2017年7月）

（出所）　リマールエステート株式会社，株式会社 QUANTUM，川戸温志にて作成。

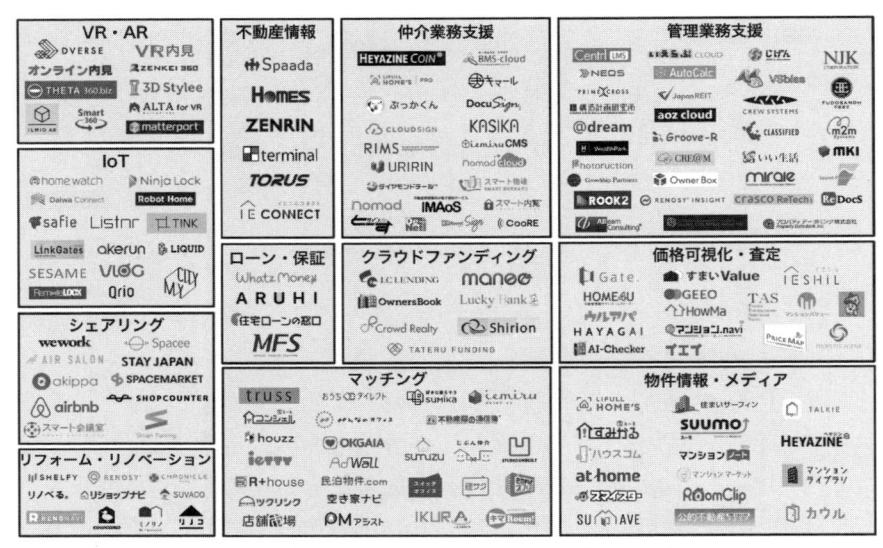

図 3　［第 3 版］不動産テックカオスマップ（2018 年 3 月）

（出所）　不動産テック協会(仮称)準備委員会, リマールエステート, QUANTUM, 川戸温志にて作成。

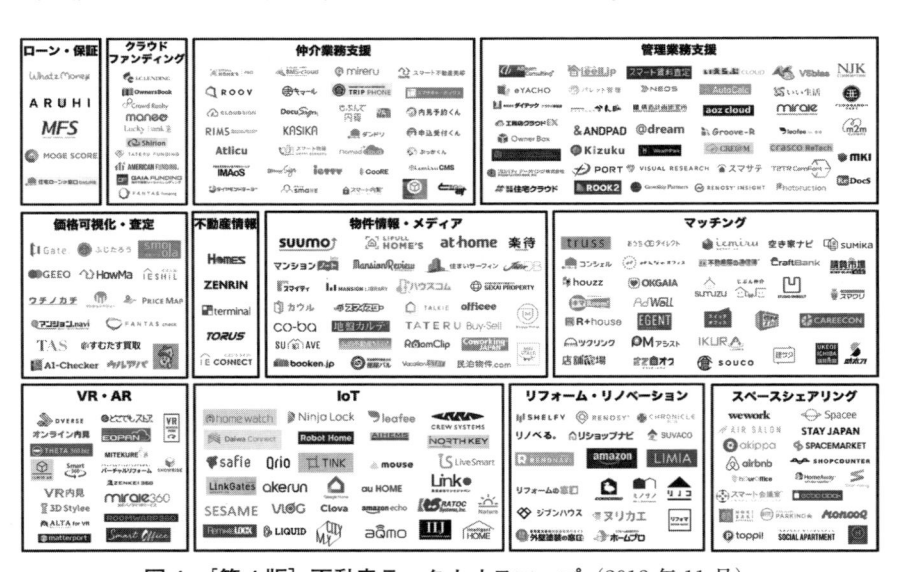

図 4　［第 4 版］不動産テックカオスマップ（2018 年 11 月）

（出所）　一般社団法人不動産テック協会にて作成。

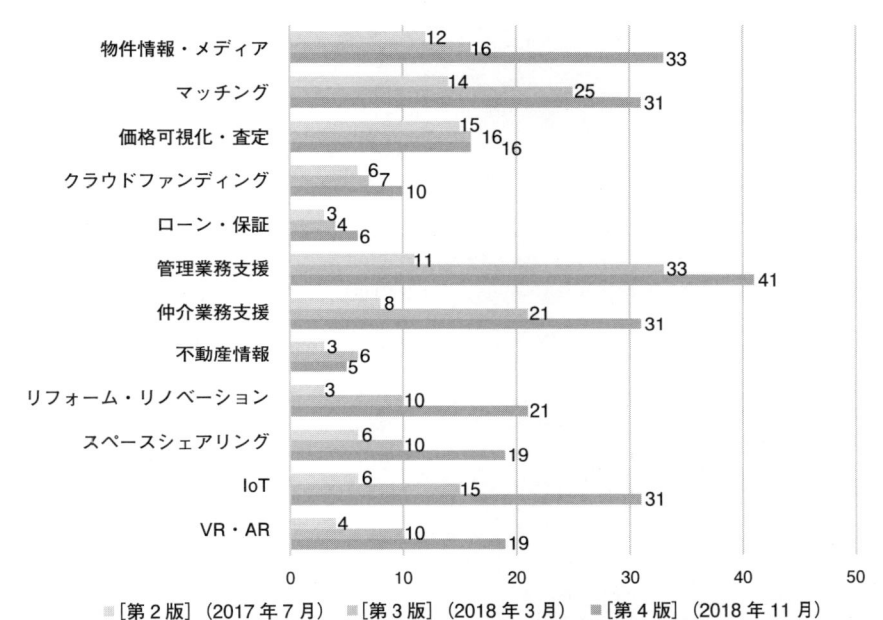

図5 不動産テックカオスマップの各カテゴリー掲載数の推移

「to C」でもあり，「to B」でもあるため，単純に2分類はできない。また，「AI等の最新のテクノロジーを活用して不動産情報を分析するサービス」なども，「テクノロジー」と「データ・情報」の両方に関わるため2分法では分類できない。不動産業には様々なサービスと様々なプレイヤーが複合的かつ重層的に存在しており，このことが，不動産テックの分類を難しくする要因になるとともに，不動産テックの現状把握を困難にしている。

　［第2版］から［第3版］への変更点としては，掲載サービス数が約2倍に増えたことと，カテゴリーを変更・追加したことがあげられる。［第2版］では91サービスの掲載であったが，その後の調査や報告により［第3版］では173サービスの掲載となった。掲載数の増加理由は，新たに登場したサービスを追加したことに加え，既存サービスを不動産テックの文脈で捉え直したことが影響している。各カテゴリーの掲載数の推移詳細は図5となる。新しい領域

表1　不動産テックカオスマップの各カテゴリー定義

カテゴリー名	定　義
VR・AR	VR・AR の機器を活用したサービス，VR・AR 化するためのデータ加工に関連したサービス
IoT	ネットワークに接続される何らかのデバイスで，不動産に設置，内蔵されるもの。また，その機器から得られたデータ等を分析するサービス
スペースシェアリング	短期～中長期で不動産や空きスペースをシェアするサービス，もしくはそのマッチングを行うサービス
リフォーム・リノベーション	リフォーム・リノベーションの企画設計施工，web プラットフォーム上でリフォーム業者のマッチングを提供するサービス
不動産情報	物件情報を除く，不動産に関連するデータを提供・分析するサービス
仲介業務支援	不動産売買・賃貸の仲介業務の支援サービス，ツール
管理業務支援	不動産管理会社等の主に PM 業務の効率化のための支援サービス，ツール
ローン・保証	不動産取得に関するローン，保証サービスを提供，仲介，比較をしているサービス
クラウドファンディング	個人を中心とした複数投資者から，web プラットフォームで資金を集め，不動産へ投融資を行う，もしくは不動産事業を目的とした資金需要者と提供者をマッチングさせるサービス
価格可視化・査定	様々なデータ等を用いて，不動産価格，賃料の査定，その将来見通しなどを行うサービス，ツール
マッチング	物件所有者と利用者，労働力と業務などをマッチングさせるサービス（シェアリング，リフォーム・リノベーション関連は除くマッチング）
物件情報・メディア	物件情報を集約して掲載するサービスやプラットフォーム，もしくは不動産に関連するメディア全般

（出所）　一般社団法人不動産テック協会にて作成。

である IoT，VR・AR，シェアリングでは，新サービスや新会社が追加されている傾向が強く，業務支援，マッチング，リフォーム・リノベーションでは，既存サービスを，不動産テックと捉え直し追加されている傾向が強い。

　また，［第 2 版］で「業務支援」としていたカテゴリーを，「仲介業務支援」と「管理業務支援」に分けるとともに，新たに「リフォーム・リノベーション」のカテゴリーを追加した。これは，掲載サービス数が増加したためカテゴリーを分割・新設したことも理由であるが，不動産テックサービスの盛り上がり箇所と見ることもできるだろう。

　［第3版］から［第4版］へはカテゴリー等に特に大きな変更はなく，掲載サービスの追加と見直しが行われた結果，掲載数が［第3版］の1.5倍の263となった。各カテゴリーの掲載数の推移詳細は**図5**となる。また，カオスマップの作成者が一般社団法人不動産テック協会となったことにより，不動産テックの定義も整理され，「不動産テック（Prop Tech, ReTech：Real Estate Tech とも呼ぶ）とは，不動産×テクノロジーの略であり，テクノロジーの力によって，不動産に関わる業界課題や従来の商習慣を変えようとする価値や仕組みのこと。」と公表された。さらに，**表1**の各カテゴリーの定義も発表されている。

(2)　不動産テックカオスマップのカテゴリー

　不動産テックの動向をもう少し深く理解するため，各カテゴリーの説明を行う。さらに深い考察は，それぞれについて述べた各章を参考にしていただきたい。

❶管理業務支援

　不動産業者向けのサービスが中心であり，業務効率化を支援するものや，不動産情報や顧客情報の管理・運営を支援するシステムやサービスが提供されている。不動産の物件管理や運用管理，図面や工事の管理，そして，単純な管理業務に留まらずコンサルティング業務を支援するものも含まれる。2017年10月に本格運用が開始されたIT重説（重要事項説明）の支援ツール等もここに含まれている。ここ数年で登場した新しいサービスだけでなく，10年以上前から提供されているサービスも含まれている。

❷仲介業務支援

　管理業務支援と同様に，不動産業者向けのサービスが中心であり，業務効率化を支援するシステムや不動産情報や顧客情報の管理・運営を支援するシステムやサービスが提供されている。特に不動産仲介業務に特化したサービスやツールが展開され，売買仲介と賃貸仲介の両者が対象となっている。さらに，不動産業者が相手をするエンド顧客が一般顧客である「B to C」の場合と，不動産業者である「B to B」の場合に分けることができる。エンド顧客が「B to

C」であるサービスが多く，これは，サービス展開をする不動産テック企業にとって，「B to C」不動産ビジネスのほうが理解しやすく，サービス化やシステム化が容易であることが一因と考えられる。

❸不動産情報

不動産登記情報をデータベース化し，情報取得や解析，可視化を補助するサービスや，「おとり物件」等の不適切コンテンツを判別することで，不動産情報の適正化や透明性確保を支援し，不動産業界全体の価値向上を図るシステムやサービスが提供されている。また，分散して存在する不動産に関連する情報，たとえば地価や用途地域，災害データ，人口統計等をワンストップで取得できるものもあり，不動産ビジネスを多角的に把握することに役立つ。不動産に関する価格だけでも1物5価（実勢価格，公示地価，固定資産税評価額，相続税路線価，基準地標準価格）が別々の主体から公表されており，複数の情報を集約できるサービスは，不動産業者にとっては非常にありがたい存在である。

❹価格可視化・査定

大量のデータであるビッグデータを，統計手法やAI等の解析技術を用いて分析し，不動産価格や不動産価値を査定するシステムやサービスが提供されている。不動産物件の参考価格を地図上に示すものや，複数の査定価格を比較する一括査定，低料金で不動産評価をインターネットで取得できるものもある。価格を求めている顧客が一般顧客である「B to C」の場合と，不動産業者である「B to B」の場合にさらに分けることができるとともに，不動産の用途についても，実需不動産と投資不動産に分けることができる。また，価格の算出方法については，取引事例や現況査定を根拠にするものもあれば，収益予測に基づく価格を出すものもある。

❺クラウドファンディング

インターネットを通じて不特定多数の一般個人や法人から資金を集める手段であるクラウドファンディングを不動産に活用し，一般の個人投資家でもインターネットを介して少額から不動産投資に参加できる仕組みやサービスが提供されている。投資家に対しては，新たな不動産投資機会を創出するとともに，

不動産業者に対しては，これまで資金調達の選択肢が少なかったプロジェクトにも調達機会を提供する。クラウドファンディング運営会社が，投資家から集めた資金でお金を借りたい企業に対して不動産を担保にとって融資を行う「融資型（貸付型）」と，不動産を購入する際の自己資金に当たる部分を提供する「株式型（エクイティ型）」に大きく分けられる（成本，2017）。

❻ローン・保証

住宅ローン選びをサポートする比較サイトや，ローンや保証についての詳細情報を得ることができるサービスが提供されている。ローンのシミュレーション機能や借換えメリットの査定等により，借手の立場で最適な住宅ローンをアドバイスするものもある。また，オンラインのみで一気通貫で手続きが完結する家財保険や火災保険等も含まれ，これまで保険加入者に課せられてきた，何枚もの用紙に何度も記入させる手間を大幅に減らしてくれる。しかしながら，不動産の売買や賃貸とセットになって提供されているローンや保険もまだ多いため，海外の不動産テックに比べてサービス数が少ない状況である。

❼物件情報・メディア

不動産や街に関する全般的な情報や，個別物件情報を一般消費者に向けて掲載するとともに，不動産仲介会社へ送客するプラットフォームやシステムを提供する。また，不動産の購入や賃貸に関する知識や専門家によるアドバイス等を提供し，メディアとして機能しているものもある。一般消費者にとっては馴染みの深いサービスが多く，不動産に関わる際の入り口としての役割も果たしている。サービス開始当初は「マッチング」サービスであったものに，徐々に不動産情報や情報発信機能が拡充され，「物件情報・メディア」に位置づけられるサービスになったものも多い。

❽マッチング

不動産に関する様々なニーズを持つ人々を結びつけるマッチング機能やポータル機能を提供する。個別ニーズに特化したものが多く，居抜きオフィスや相続不動産といった種別に特化したもの，工事やリノベーション等の業務に特化したもの，また，不動産プロフェッショナルや専門業者，そして士業等の人材

に特化したもの等がある。従来の方法では結びつくことが難しかった不動産と顧客のマッチングを実現し，不動産活用の多様性や可能性を拡大させることに貢献している。

❾ VR・AR

　VR（バーチャルリアリティ）技術を活用して物件を擬似内見できるシステムや，AR（拡張現実）技術で家具配置や色・材質等のシミュレーションを可能とするシステムやサービスが提供されている。従来は，図面やパース図によってしか確認できなかった仕上がり予想をVRやARで再現するとともに，直観的なユーザーインタフェースにより，コミュニケーションや合意形成を支援するものもある。また，インターネットとVRが結びつくことによって，入居検討者が現地に出向かなくてもあたかも物件にいるかのように室内を確認できる状況が実現されつつあり，不動産に関する情報の入手方法と情報量を格段に広げている。

❿ IoT

　各種センサーやwebカメラ等との連携で，リアルタイムで不動産の状況を確認できるシステムや，電子錠（スマートロック）を用いた自由度や安全性の高い入退室管理システムやサービスを提供する。トラブルを事前に察知し大きなトラブルを防止することを目指すものが多いことが特徴で，他業界におけるIoTの活用のように，収集した情報を分析して次の事業や開発に活用することを目指すものはまだ少ない。また，IoTを操作するアプリケーションにより，管理者と入居者とのコミュニケーションを目指すものもあり，旧来のwebサイトを通じたコミュニケーションより簡易かつ柔軟な状況を実現している。

⓫ スペースシェアリング

　スペースとユーザーとの適切なマッチングで遊休資産をシェアし，空きスペースを有効活用するとともに，新たな事業機会を創出するシステムやサービスが提供されている。オフィス，会議室，イベントスペース，駐車場，民泊，さらには美容室の座席まで用途が拡大している。不動産の利用者のすそ野を広げるだけでなく，不動産の提供者のすそ野までをも拡大させていることが大き

な特徴である。これまでの不動産の価値は，立地と築年数が重要な要素であったが，シェアリングにおいては企画力や独自性といった新たな付加価値も収益性を高めることに貢献している（佐久間，2018）。

❷リフォーム・リノベーション

　リフォームやリノベーションの情報提供やマッチングを行うシステムやサービスが提供されている。[第3版]カオスマップから追加したカテゴリーであり，マッチングや物件情報・メディアカテゴリーから抽出・追加している。これまでは入手が困難であったリフォームやリノベーションの情報を集約するだけにとどまらず，中古物件探しから取得後の工事業者探しまでをワンストップで提供するものや，AI等を用いてユーザーのこだわりや好みを提案するものもあり，不動産に対する幅広いニーズを実現可能にしている。

3. 不動産テックの課題

　不動産テックは，不動産とIT・テクノロジーが融合した領域であるため，様々な特徴や課題がある。全体を通じていえることは，不動産業界に特有の事情を背景とするものが多いことである。不動産業界にITやテクノロジーを活用していくためには，これらの特徴や課題を活かした戦略が重要となる。

❶ユーザーとオーナーの分離

　不動産業界においては，サービス利用者であるユーザーと，サービス購入者であるオーナーが分かれている場合が多い。たとえば，入居者はサービス利用者であるが，部屋に関するコストや不動産テックのサービス費用を負担するのはオーナーである。このため，ユーザーである利用者のことばかり考えたサービスでは，オーナーがメリットを享受できないというミスマッチが発生する。たとえば，IoTメーカーはサービス利用者である入居者が便利になることにばかり注力するが，サービス購入者であるオーナーの関心事は賃料が上がることや空室率が下がることであるため，たとえユーザーの利便性が向上するとして

も儲からなければオーナーには導入インセンティブが発生しないのである。「不動産テックサービスを導入しても収益は変わらなかった」という具合に，IoTやVR・ARにおいて発生することが多いミスマッチである。

❷不動産テックの維持管理費と更新費

IT機器を用いた不動産テックは，導入する際に故障やサポートの発生を想定しておかなければならない。しかしながら，従来の不動産ビジネスにおいては，IT機器のような高頻度な故障やサポートは未経験であるため，不動産テック導入後の維持管理費を想定しておらずトラブルが発生することが多い。たとえば，スマートロックが夜中に故障した際，当然のことながら駆け付け修理と解錠が必要となるが，サポート負担をオーナー，管理会社，メーカー，ユーザーの誰が負担すべきかを事前に定めていない場合はさらなるトラブルに拡大しかねない。また，スマートスピーカーのような不動産テックをオーナー負担で導入した場合，2〜3年で陳腐化してしまうため，高頻度な買替え費用の負担も考慮する必要がある。

❸不明瞭かつ複雑な利益構造

不動産テック企業の利益構造は，表面的なものと実質的なもので異なる場合がある。たとえば，価格可視化・査定やクラウドファンディングでは，実際の不動産取引が発生することも重要な要素となっている。つまり，サービスの利用料といった不動産テック自体の収益だけでなく，不動産売買による収益が大部分を占める事業者もある。また，IT企業と同様に，広告収入やデータ販売収入を収益源とするなど，不動産業者としての関与方法がいくつも存在する。これらは，不動産テックを理解しづらいものにしている要因である。不動産業をテクノロジーによって強化している不動産テック企業と，不動産業界向けのテクノロジーそのものを商品としている不動産テック企業の両方が存在する。

❹複雑なサービス対象

不動産テックのサービス対象は，細分化され複雑である。消費者向けを「B to C」とし，事業者向けを「B to B」とした場合，「B to B」はさらに「B to B to C」と「B to B to B」に細分化され，一般消費者を対象とする不動産業者

向けのサービスと，事業者間の不動産業を対象とするサービスが存在する。この複雑さが，不動産テックサービス導入時のミスマッチを発生させる。つまり，自社のビジネスモデルとは異なるサービスを導入すると，想定どおりの効果が得られない結果となる。

❺必要とされる回転数と付加価値

　シェアリングのような転貸をベースとすることが多いビジネスモデルに発生する課題もある。不動産を一旦借りてから，シェアリングのために転貸する場合が該当する。転貸であるが故に，得られた収益の大部分を賃料として支払わなければならず利幅が小さいため，十分な利益を確保するためには高回転が必要となる。しかしながら，高回転が可能な好立地であれば，シェアリングではなく月額固定にするほうが安定収益となる場合もある。一方で，高回転だけでなく付加価値を高めることで立地や築年等の不動産固有の価値以上の収益を得ることも可能であり，ビジネスモデルやビジネスアイディアの巧妙さが重要になってくる。また，自己所有ではない不動産への過大なイニシャルコストが必要とされる場合もあり，投資回収期間が長くなるなどのリスクも付随することになる。

❻小口化の運営問題

　クラウドファンディングのために小口化された不動産の管理や運営を誰が行うのかという問題であり，クラウドファンディング事業者が破綻した場合に発生する可能性がある。小口化された不動産の意思決定が困難になる問題は，分譲マンションの建替え問題のように，古典的小口化問題として解決方法が見出されていない。クラウドファンディングによってさらなる小口化問題を発生させないためにも対策が必要となる。また，クラウドファンディングにはＪリートのように持ち分を転売できるセカンダリーマーケットがないため，クラウドファンディング事業者に問題が発生した際は，小口投資家は逃げ道がなくなる可能性がある。

❼情報源の問題

　価格可視化・査定においては，webサイトを自動巡回して情報を取得する

クローリングと呼ばれる手法によって，不動産に関する価格情報を取得している場合が多い。情報源の問題として，このクローリングという手法そのものの適法性やルール化が議論されている。また，web に存在する情報は募集価格であることが多く，募集価格と成約価格との乖離を埋める技術も必要とされる。日本においては，不動産の賃貸でも売買でも，成約価格を知ることができるのはテナントやオーナー，仲介会社などの当事者のみであり，本当の相場を知ることができる事業者が相対的に有利な立場にある。これは，不動産会社と一般ユーザーとの間の情報格差のみならず，不動産業者間の情報格差にも関わることであり，AI やビッグデータ解析による格差解消や共通データベースの構築が求められている。

❽不動産テック人材の必要性

不動産業でも，特に「B to B」の不動産業を熟知した IT エンジニアが少ないことから，不動産業界の作法や商慣習と不動産テックサービスとのミスマッチが生じている。IT エンジニアが作成したサービスやシステムを不動産業者が活用する際，「不動産屋ならもう少し違ったものをつくるのに」といった不満が発生しやすい。これは，後述するように，不動産業においては IT 業界と異なる方法で情報を取り扱うことが多いためである。不動産業を不動産テックに具現化できる人材や不動産テックを不動産業に落とし込める人材といった，不動産と IT・テクノロジーとの間を埋め合わせる人材が必要とされている。不動産テックの技術を成長させ，活用場面を広げていくためには，「不動産実務を熟知した人材が不動産テック会社に乏しい」，「不動産テックやシステムを理解できる人材が不動産業者に乏しい」という 2 つの人材問題を解決する必要がある。今後は，不動産会社と不動産テック会社のさらなる人材・資本・技術の交流が必要とされている。

4. 不動産テックの展望

　不動産テックビジネスを展開する際や，不動産テックを不動産ビジネスに活用する際に有益と思われる留意点について，いくつかのキーポイントに沿って解説する。

❶「マーケティング」から「コンサル」へ

　不動産業界においては，資料整理や顧客対応といった「雑務」という名の「マーケティング」に相変わらず忙殺されている。数百億円の不動産売買であっても，メールのみならず，印字した紙ファイルの束やバイク便，さらには FAX が用いられるのが現状である。さらに，不動産業においては，1つの不動産を複数の関係者で取り扱うことが通常であるため，これらの情報の受け渡しに金銭と時間の膨大なコストが費やされている。この「マーケティング」に IT やテクノロジーを活用して，効率性と生産性を向上させることで，新たな時間の創出が可能となる。こうして確保された時間を用いて，付加価値の高い「コンサル」に注力することが，企業競争力の強化に繋がっていく。不動産テックを活用しながら，セールス（マーケティング＋コンサル）におけるコンサル比率を高め，付加価値の高いサービスを効率的に提供できるかどうかが不動産業者の今後の分かれ道となるであろう。

❷「AI」や「ビッグデータ」の前にやることがある

　不動産業界においては，「AI」が様々な仕事を代替するまでには，まだ相当な時間がかかりそうである。なぜなら，不動産業界は資料や情報だけは膨大に存在するが，「AI」を活用する前提条件である「ビッグデータ」は十分に整備されておらず，データ量が非常に少ない状態であるからだ。また，情報の形状としても，紙や Excel，PDF，画像とデジタル化される前のものが多く，保管場所についても社内サーバーや個人 PC と様々な場所に分散している。「AI」や「ビッグデータ」を活用する前準備として，利用可能な状態のデータベースを構築する必要がある。また，個人情報は大量に保有していても，顧客ニーズ

や顧客動向のデータが収集・蓄積されていることが少なく，メールやLINE，ショートメール等のコミュニケーション履歴も分散しているため，データの有効活用のためには一元的なデータベース管理が必要となる。

❸「バラマキ」から「囲い込み」へ

　従来型のポータルサイトは，実は「マッチング」ではなく「バラマキ」となっていることが多い。不動産業者や顧客の情報を十分に把握できていないため，マッチング精度が低く大量の情報配信が必要となっており，「バラマキ」によって数を打って当てなければならない。「バラマキ」ではターゲットに狙いをさだめた情報は配信できないし，自社へのフィードバックを促すことも困難となる。また，顧客の不十分な情報しかないため，顧客対応を一律化する必要があり，強弱をつけたビジネスの対応を妨げている。従来から，不動産業は「情報と人脈」が儲けの源泉であり，自社だけの情報を，自社だけのお客様に，効果的に囲い込むことを目指してきた。これまでのIT技術ではこのような柔軟なシステム設計が困難であったが，現時点においては不動産人材とIT人材がタッグを組めば十分に実現できる余地がある。

❹不動産業における「情報」

　「情報化社会」という言葉があるが，この「情報」の意味が不動産業においては他業界と少し異なっている。たとえば，不動産業者に「一番欲しい情報は？」と聞いた場合，大半の不動産業者は「自分しか知らない情報」と即答するであろう。これは不動産業者にとっては当たり前のことであり，皆が知っている情報は，既に価値のない情報とみなされる。また，情報を第三者に渡すときも，「相手によって内容や条件を変える」ことが通常である。これは，いわゆる「情報格差」と呼ばれるものとは異なり，不動産業者にとっては，「営業努力」や「勘と経験」と呼ばれるものである。このような状況は不動産業者以外には非常に特殊に映るようで，弊社のITエンジニアは「隠蔽と捏造の世界」と呼ぶ。この「隠蔽と捏造の世界」は，一見するとIT化とは逆行しているようにみえるが，amazon等のECサイトやメディアサイトでは当たり前に行われていることである。顧客情報をリアルタイムに収集・蓄積し，顧客のニーズに最適な提案を

行う「レコメンド」機能と本質は変わらない。自社しか知りえない情報を活用して，顧客ごとに対応を柔軟に変えていくのであるから，「自分しか知らない情報」を「相手によって内容や条件を変える」ことでビジネスを展開しているに他ならない。不動産業では「勘と経験」が必要といわれて久しいが，この「勘と経験」を忠実に可視化・類型化し，効率化や付加価値化に繋いでくれる不動産テックも登場し始めている。

5. さいごに

不動産業者自身も IT 投資やテクノロジー活用には多大な関心と期待を抱いている。しかしながら，不動産業者にとって IT 投資はチャレンジングで勇気を必要とすることも事実である。不動産業者の背中をひと押しし，低すぎる IT 投資を高めるための導入支援制度や補助制度等も待たれている。また，不動産テックの水先案内人たるコーディネーターも必要とされる役割であろう。不動産と IT やテクノロジーの要素が入り混じった不動産テックは，新たなサービスや技術が次々と提供されており，現状把握すら困難な状況になりつつある（白川，2018）。この状況に対応できる人材が今後はますます重要になる。

不動産テックによって不動産取引が活性化すれば，日本経済そのものの底上げにも繋がるとともに，少子高齢化や空き家問題等の次世代の課題解決にも繋がるため，不動産テックの果たす役割は非常に大きい。

〈参考文献〉

Andrew, B.(2017)"PropTech 3.0 : the future of real estate", https://www.sbs.ox.ac.uk/sites/default/files/2018-07/PropTech3.0.pdf(2019 年 2 月 17 日アクセス)

Venture Scanner (2018) "REAL ESTATE TECHNOLOGY Q4 Startup Highlights", https://www.venturescanner.com/blog/2018/real-estate-technology-startup-highlights-q4-2017 (2018 年 10 月 10 日アクセス)

川戸温志 (2017)「"不動産テック　カオスマップ"(2018 年 3 月版)考察レポート」, http://www.keieiken.co.jp/pub/infofuture/backnumbers/58/report04.html(2019 年 2 月 17 日アクセス)

佐久間誠 (2018)「WeWork のビジネスモデルと不動産業への影響の考察」, https://www.nli-research.co.jp/report/detail/id=59032?site=nli(2019 年 2 月 17 日アクセス)

白川慧一 (2018)「米英のレポートに見る不動産テックの事例と日本との比較」, http://www.lij.jp/news/research_memo/20180201_8.pdf(2019 年 2 月 17 日アクセス)

谷山智彦 (2017)「不動産テックの現状と今後の課題」『土地総合研究』2017 年夏号, pp.3-8

成本治男 (2017)「不動産 Tech の実務と法律」『土地総合研究』2017 年夏号, pp.9-17

第2部

不動産テックの理論と技術

深層学習を用いた類似間取り検索

東京大学大学院 情報理工学系研究科 電子情報学専攻 准教授

山 崎 俊 彦*

1. はじめに

近年，不動産分野に IT を導入しようとする ReTech（Real Estate Tech）と呼ばれる動きが盛んである。情報化の例として，ユーザが自分の好みのものを見つけるための検索システムなどがあげられるが，不動産においては，駅からの距離や部屋の広さなど基本的な条件を用いた検索しかできないのが現状である。しかし，諸条件に合致する不動産物件が検索結果画面に並んでも，なかなか気にいる物件に出会えないことも多い。筆者はこれまで何度か引っ越しを経験しているが，そのたびになかなか気にいる物件に出会えない原因を振り返ってみると，間取りだった。検索結果に表示される物件は部屋の数や広さは希望通りではあるものの，各部屋の位置関係や広さが希望していたものと異なるのである。

*やまさき　としひこ
東京大学工学部電子工学科卒業。東京大学工学系研究科電子工学専攻修了。博士（工学）。現在，東京大学大学院情報理工学系研究科電子情報学専攻准教授。2011 ～ 2013 年まで米国・コーネル大学 Visiting Scientist。専門は，マルチメディア処理，画像認識・理解，機械学習，最適化など。

　そこで本章では，想定した間取りの物件を，深層学習を用いた間取り図認識を使って直感的に検索できるシステム[1][2]を例に，不動産情報処理における深層学習を用いた画像認識の勘どころや評価方法などを紹介する。

　これまで間取り図や外観・室内写真は人間がみて理解・解釈するものであったが，深層学習をはじめとする機械学習技術の成熟により，計算機がそれらを認識・理解してユーザに対して有益な情報を抽出できる可能性が高まってきた。本章は，その理解や発想の手助けになれば幸いである。

2. 間取り図に関する関連研究

(1) 手作業による解析

　不動産物件の間取り図に関する研究例をいくつか紹介しておきたい。花里ら[3]は，間取り図486枚を元にその間取り図のグラフ構造を作成し，廊下を中心としてLDや私室など全ての部屋がそこに繋がっている「個室群化傾向」が進んでいると指摘している。また，滝澤ら[4]は，駅からの距離や築年数，広さなどの他に間取りが賃料に強く影響を与えている可能性を指摘した。これらは手作業による分析結果である。後述するように，自動処理できるようになれば，より大規模な解析ができるようになるものと期待される。

(2) 画像認識による解析

　Liu[5]らは，間取り図とその物件内部の写真とのペアリングをSiamese Network[6]という類似尺度を学習するネットワークを用いて行い，人間より高い精度で推定に成功している。これは，間取りから読み取れる物件の雰囲気やグレード感と，浴槽やトイレなど物件中の備品の雰囲気の対応を深層学習がとることができることを示したものである。

　間取り認識による構造抽出[7][8][9]は，近年，複数の研究グループにより積

極的に試みられている。間取り図から構造を抽出することで 3DCG に自動変換したり [7][8]，グラフ表現に変換して類似間取り検索に用いたり [9] するなどの利用法が提案されている。

　また，部屋にあるドアや窓から最適な家具配置を考える試みもなされている [10]。

3.　不動産に関するデータセット

　株式会社 LIFULL が情報学研究データリポジトリを通じて LIFULL HOME'S データセット（https://www.nii.ac.jp/dsc/idr/lifull/homes.html）を提供している。大学および公的研究機関の研究者であれば，LIFULL との契約をすることにより研究目的に限って利用可能である。ただし，物件の特定につながるようなデータは削除されているので，不動産・住宅情報サイト LIFULL HOME'S で公開されている情報と全く同じものが入手できるわけではないので注意が必要である。

　また，米国の不動産ポータルである Zillow も Kaggle を通じてコンテスト用のデータセットを公開している（https://www.kaggle.com/zillow/datasets）。ただし，コンテスト用に公開されたデータなので，それ以外の用途への利用については確認等が必要である。

　また，それ以外のデータが必要な場合，WEB サイトからスクレイピングすることも多く行われるが，当該サイトに負担をかけるだけでなく，サイトへの攻撃とみなされたり，そうでなくても各種権利関係がクリアできていない可能性があったりするので細心の注意が必要である。可能であれば共同研究契約を締結するなどした上で許可をとってスクレイピングするか，直接データを受け取るのが望ましい。

4. 間取り図認識機能からの検索

(1) マルチタスク学習による特徴抽出

　目標は，間取り図画像を入力として，入力画像と構造的に類似した画像を提示することである。本節では，物件の属性を認識・クラス分けできるような深層学習モデルを生成し，そのモデルの中間層で出力する深層特徴量を取り出すことで間取り図の特徴を表現した特徴ベクトルを作成する手法を紹介する。その特徴ベクトルを用いて最近傍探索（Nearest neighbor search とも呼ばれ，距離が最も小さいもの，もしくは類似度が最も高いものを検索する処理）を用いることで構造的に類似した画像を検索することが可能となる。ちなみに，後ほど紹介する通り，通常の物体認識用深層学習モデルをそのまま利用すると間取り図を自然画像として扱い，色や形を考慮したものになってしまうため，間取りとして類似したものを検索することはできない。学習方法を工夫して，いかに深層学習機に間取りの特徴を掴んだ特徴量を出力させるかが鍵となる。

　本節の実験では，大原ら[11]が作成した間取り図のデータセットを用いた。このデータセットには，間取り図画像とそのメタデータ，グラフ構造が存在する。データセットから，グラフ構造がない間取り図，住所・賃料・床面積が同

表1　間取りタイプの種類とそれぞれの物件数

間取り種別	物件数	間取り種別	物件数
2LDK	5,194	1LDK	758
2DK	5,083	2SLDK	507
3LDK	2,985	1DK	388
1K	2,419	4LDK	214
2K	2,065	3K	140
3DK	1,112	3SLDK	121
ワンルーム	974	others	180

表2　間取りグラフにあるノードの種類

ノード名	説　明
Loft	**ロフト**
WR	**洋室**
Bal	**バルコニー**
UPDN	**階段**
JR	**和室**
WIC	**ウォークインクローゼット**
Ver	**ベランダ**
R	**部屋**
BR	**寝室**
UB	**ユニットバス**
Ba	**浴室**
WC	**トイレ**
Hall	**廊下**
PR	化粧室
CL	クローゼット
E	玄関
DR	衣装室
L	リビング
D	ダイニング
K	キッチン
DK	ダイニングキッチン
LD	リビングダイニング
LDK	リビングダイニングキッチン
other	その他

じ重複していると考えられる間取りを取り除くと 22,140 件であった。このデータセットを間取り図の種類の元に分類すると**表1**に示す14種類になる。ただし，100 件に満たないタイプは others にまとめた。

　また，グラフ構造には**表2**に示す24 種類のノードが存在する。実験では，そのうち太字・下線にした14 種類を用いた。

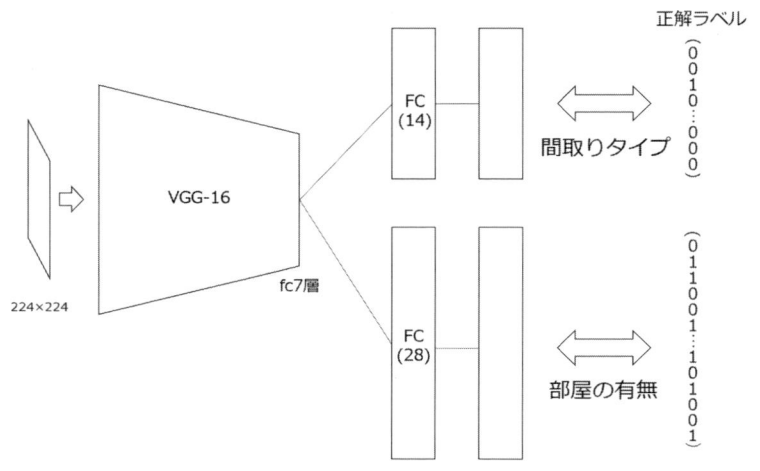

図1　使用した深層学習のネットワーク

　本手法では，**図1**に示すネットワークを用いて学習を行った。データセット内の画像 22,140 枚のうち 12,140 枚を用いてネットワークの training を行った。このネットワークは Imagenet（http://www.image-net.org/）で学習済みの VGG-16 [12] の fc7 層の後ろに，間取りタイプを学習するための 14 次元の全結合層と各部屋の有無を学習するための 28 次元の全結合層を繋げたものである。このネットワークを用いて間取りタイプ，部屋の有無の 2 種類の学習を同時に行った。これをマルチタスク学習と呼ぶ。

　まずは Imagenet で事前学習済みの VGG-16 を用いることで，画像認識器としての汎用性を獲得する。一般物体認識用の画像と間取り図は大きく性質が異なるが，一般的に大量の画像データで事前学習しておいたほうが一般物体認識以外のタスクにおいても認識性能が高いとする多くの先行事例に倣ったものである。事前学習で一般的な画像の特徴抽出方法を学習したあとで間取り図を使って fine-tuning することで間取りの属性を認識できる認識機を得る。ただし，タスクによってはスクラッチ学習（事前学習を経ないで最初から対象とする画像のみを用いて学習すること）したほうが，性能が高い場合があるので両方試

してみて性能の高い方を採用するのがよい。

　このVGG-16の後段には，前述の通り，間取りタイプを認識するためのネットワークと各部屋の有無を認識するためのネットワークが接続されている。そのため，間取りタイプの認識，各部屋の有無の認識のいずれを間違えた場合でも，このVGG-16に誤差が逆伝搬してネットワークの重みが更新されることになる。言い換えると，このVGG-16は間取りタイプの認識と各部屋の有無の認識という2つのタスクを同時にこなすことができるよう，訓練されるということである。そのため，このVGG-16の最終層から取り出した特徴ベクトルは間取りタイプ，および各部屋の有無が近いと距離が小さくなるベクトルになることが期待される。「近い雰囲気の間取り」と一言でいっても，なにをもって似ているとするかを定義することは難しく，そのままでは深層学習といえども学習させることが困難である。そのため，このような物件に関する属性各種を同時に認識させるマルチタスク学習は間取り図の特徴を抽出するのに有効であり，使い方の工夫によって他のタスクへの応用もきくと考えられる。深層学習をはじめとするニューラルネットワークは途中で分岐がしやすく，このようなマルチタスク学習を実現しやすいのも強みの一つである。

　なお，VGG-16を始めとする一般的なネットワークは，TensorFlow（https://www.tensorflow.org），PyTorch（https://pytorch.org/），Chainer（https://chainer.org/）など主要な深層学習ライブラリですでに実装されており，比較的手軽に利用することができる。

(2) 特徴量を用いた類似間取り検索

　類似画像の取得は，以下のように行った。図1で学習したネットワークに，間取り画像を入力として得られるfc7層の値を深層特徴量として用いて4096次元の特徴ベクトルを作成した。クエリとした間取り画像の特徴ベクトルと近い特徴ベクトルを最近傍法を用いて探索し類似画像の取得を行った。ベクトル同士の距離計算にはユークリッド距離を用いた。

　データベースが大きくなってくると，ベクトル同士の距離を愚直に計算する

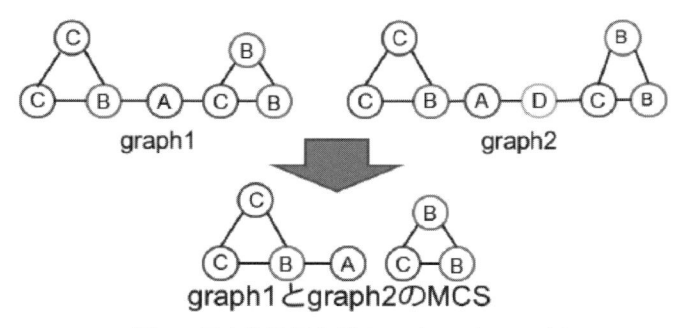

図2　最大共通部分グラフ（MCS）の一例

だけで大変な処理時間がかかってしまう。そのため，大規模データを対象にした直積量子化[13]などの近似最近傍探索手法が多く提案されている。

　得られた類似間取り図に対し，各間取り図画像と対応するグラフ構造同士の類似度（グラフ類似度）を計算し，それを間取り画像間の構造類似度とした。グラフ構造間の類似度の計算は，大原ら[11]の手法を参考にした。まず，2つのグラフの最大共通部分グラフ（Maximum Common Subgraph, MCS）を計算する。得られるMCSの一例を図2に示す。得られた最大共通部分グラフを用いて2グラフ間の類似度を以下の式（1）で計算した。$|q|, |g|$はそのグラフのエッジの数とノードの数の和を示す。MCS(q,g)は，2グラフのMCSを表す。2つのグラフが完全に一致しているとき1，全く共通部分がないとき0をとる。

$$sim\ (q, g) = \frac{|\mathrm{MCS}(q, g)|}{|q| + |g| - |\mathrm{MCS}(q, g)|} \qquad (1)$$

5. 実　験

(1)　間取りタイプおよび各部屋の有無の認識性能

　提案手法の有効性を確かめる前に，まずは特徴量の抽出が想定どおりに行わ

表 3 間取りタイプ認識の混同行列

		判定結果													
		2LDK	2DK	3LDK	1K	2K	3DK	1R	1LDK	2SLDK	1DK	4LDK	3K	3SLDK	others	accuracy
正解	2LDK	435	32	16	1	4	1	0	6	1	0	0	0	0	1	0.88
	2DK	23	379	3	2	13	3	0	5	0	3	0	0	0	1	0.88
	3LDK	18	4	271	0	0	6	0	1	5	0	0	0	3	0	0.88
	1K	2	0	0	192	5	0	16	5	0	0	0	0	0	0	0.87
	2K	2	28	0	6	126	0	2	3	0	1	0	0	0	0	0.75
	3DK	5	7	8	1	1	82	0	0	1	0	0	0	0	0	0.78
	1R	0	0	0	24	1	0	42	1	0	0	0	0	0	0	0.62
	1LDK	11	4	0	13	2	0	1	37	0	3	0	0	0	0	0.52
	2SLDK	3	0	5	0	0	0	0	0	29	0	0	0	0	0	0.78
	1DK	2	1	0	11	4	0	1	7	0	11	0	0	0	0	0.3
	4LDK	0	0	3	0	0	0	0	0	0	0	9	0	0	3	0.6
	3K	0	3	0	0	2	2	0	0	0	0	0	5	0	1	0.38
	3SLDK	1	0	8	0	0	0	0	0	1	0	0	0	5	0	0.33
	others	1	3	3	0	1	0	0	2	0	0	1	0	0	3	0.21

れ，2つの属性認識タスクが正しく実行されることを確認する。

　図1のネットワークの一部を用い，間取りタイプのみの学習，各部屋の有無のみの学習を行い，それぞれ学習の精度を計算した。この実験では training に使った画像は 20,140 枚，test に使った画像は 2,000 枚であった。

　間取りタイプ識別の結果は表3のようになった。これは，test に使った間取り図画像 2,000 枚に対し，正解のラベルと学習したモデルが出力したラベルの分布を表にしたものである。accuracy は，そのタイプの間取りをどれくらいの確率で正しいタイプと認識できたかを示す。

　この表から以下のことが分かる。まず出現回数が多いクラスの方が，正答率が高い傾向にあることが分かる。画像数が少ないため出現回数が少ないクラスでは十分に学習できていない可能性や，出現回数が多いクラスを重要視して学習が行われている可能性が考えられる。深層学習では，ここで示したようにある程度の数の学習データを事前に用意することが重要である。4LDK など画像数が少ないクラスの中では比較的 accuracy が高いのは 4LDK だけ部屋の数が5つと，他の間取りタイプとの差分が大きいためと考えられる。一方で，間違えやすい2タイプの間取りを見てみると，2DK と 2K，1K とワンルームなど

表4　部屋タイプごとの正答率

部屋の種類	TP	FP	TN	FN	accuracy	f値
ロフト	20	4	1,964	12	0.99	0.71
洋室	1,538	56	328	78	0.93	0.96
バルコニー	1,500	116	264	120	0.88	0.93
階段	173	16	1,798	13	0.99	0.92
和室	716	29	1,217	38	0.97	0.96
WIC	101	77	1,764	58	0.93	0.6
ベランダ	131	67	1,763	39	0.95	0.71
Room	89	49	1,793	69	0.94	0.6
寝室	178	30	1,754	38	0.97	0.84
ユニットバス	142	65	1,561	232	0.85	0.49
浴室	1,409	122	259	210	0.83	0.89
トイレ	1,768	123	84	25	0.93	0.96
廊下	1,056	131	697	116	0.88	0.9
洗面室	1,194	79	527	200	0.86	0.86

（注）　TP：true positive, FP：false positive, TN：true negative, FN：false negative
T/F は，その部屋があると予測したか（T），ないと予測したか（F）であり，
P/N は，その予測が正しかったか（P），間違っていたか（N）を示す。すなわち，
TP とは，その部屋があると予測し，かつ，その予測が正しかったことを示す。

があげられ，これは間取りタイプの差分が他の間取りタイプ間の差と比べて小さいためと考えられる。

　部屋タイプごとの各部屋の有無の認識の精度をまとめたものが表4である。たとえば "FP" の行は，実際に部屋は存在しないが，存在すると間違えてしまった例を示している。accuracy は正しく判定出来た割合，f 値は以下の式 (2), (3) で表す通り Precision（適合率）と Recall（再現率）の調和平均であり，2クラス分類の評価として一般的に用いられる指標である。

$$\text{Precision} = \frac{TP}{TP + FP} \qquad \text{Recall} = \frac{TP}{TP + FN} \qquad (2)$$

$$\text{f 値} = \frac{2\text{Recall} \cdot \text{Precision}}{\text{Recall} + \text{Precision}} \qquad (3)$$

accuracy は全体として高い値が出ているものの，ユニットバス，ウォーク

インクローゼット（WIC），Room の3つのf値が低くなっている。この原因について考察する。ユニットバスは浴室との分類，ウォークインクローゼットは通常のクローゼットとの分類が上手くいかなかったためと考えられる。また，Room は他の部屋のタイプに比べて情報量が少ないためと考えられる。

(2) 類似間取り検索

検索実験は以下の条件で行った。まず，テスト用の間取り画像 10,000 枚についてデータの前処理を行った。本研究で使用したデータセットには，住所や家賃などのメタデータが異なっているにもかかわらず，間取り図が同じものが存在している。そこで本実験では，間取り図画像が完全に同じものを除外した。その結果，テスト画像は 7,960 枚となった。これをクエリ画像 100 枚，検索対象 7,860 枚に分割した。

クエリとした画像に対し，先に述べた手法で検索対象の画像の中から類似画像を取得した。本実験の評価手法には precison@5 を用いた。これは，検索結果上位 5 件のうち正解データが含まれる割合を示す。本実験では，グラフ類似度で定義される構造類似度が p 以上の間取り画像を検索出来た場合を正解とし，$p = 0.5, 0.6, 0.7, 0.8, 0.9$ でそれぞれ評価を行った。次の 6 つの手法の比較を行った。

- ●ランダム：ランダムに間取り画像を取得。
- ●メタデータ：間取りのタイプ情報を用いて間取りのタイプが同じものからランダムに間取り画像を取得。
- ●学習済みモデル：Imagenet で学習済みの VGG-16 を利用。
- ●間取りタイプ：間取りタイプのみを学習したネットワークを利用。
- ●部屋の有無：部屋の有無のみを学習したネットワークを利用。
- ●提案手法：間取りタイプ，部屋の有無を同時に学習したネットワークを利用。

検索結果を表5に示す。これを見ると，提案手法が全て勝っている。このことから，間取りの属性認識を学習させて，その特徴量を用いた類似物件検索す

表5　precison@5 の比較

p	ランダム	メタデータ	学習済み	間取りタイプ	部屋の有無	提案手法
0.5	0.084	0.240	0.294	0.400	0.470	0.494
0.6	0.038	0.140	0.224	0.294	0.368	0.396
0.7	0.022	0.065	0.151	0.202	0.259	0.275
0.8	0.013	0.032	0.112	0.151	0.174	0.200
0.9	0.008	0.019	0.107	0.120	0.157	0.157

るという手法が有効であるといえる。また，間取りタイプのみの学習と部屋の有無のみの学習では，部屋の有無のみの学習の方が精度が高い。これから，間取り図の構造当てには，部屋の有無の方が重要であると考えられる。また，最も提案手法の精度向上率が大きいのは $p = 0.9$ のときである。これには以下の理由が考えられる。

部屋の有無を学習するネットワークでは，部屋同士の繋がりや間取りの構造は全く考慮できていないが，グラフ類似度の定義から考えると，部屋ノードを当てるだけでもある程度構造類似度が高い間取り画像を検索することができる。つまり，p が小さくなると間取りタイプを考慮しなくても正解の画像を検索できる可能性が上がる。間取りのタイプも一緒に学習することで構造類似度が高い物件の検索が可能になるが，学習する項目が増えた分正しく学習できる確率は部屋の有無のみを学習したネットワークより下がるので，相対的に提案手法が弱くなってしまったと考えられる。

次に，個別の検索結果を見てみる。構造類似度が 0.8 以上（$p >= 0.8$）の間取り画像を類似間取りの検索に成功したとみなし，**図3**および**図4**では枠線で囲んでいる。**図3**は，提案手法が上手くいった例である。(a)をみると，部屋の有無で学習したものでは，クエリ画像に和室，洋室，バルコニーがあることが学習できているが，2DK であることは学習できていないことがわかる。一方提案手法では上手く，2DK であることも学習できていることが分かる。(b)では，部屋の有無のみの学習だと，クエリ画像に洋室が2個あることや，間取り画像が 3LDK であることまで学習できていないことが分かる。一方提案手法では，間取り画像が 3LDK であることまで学習できていることが分かる。

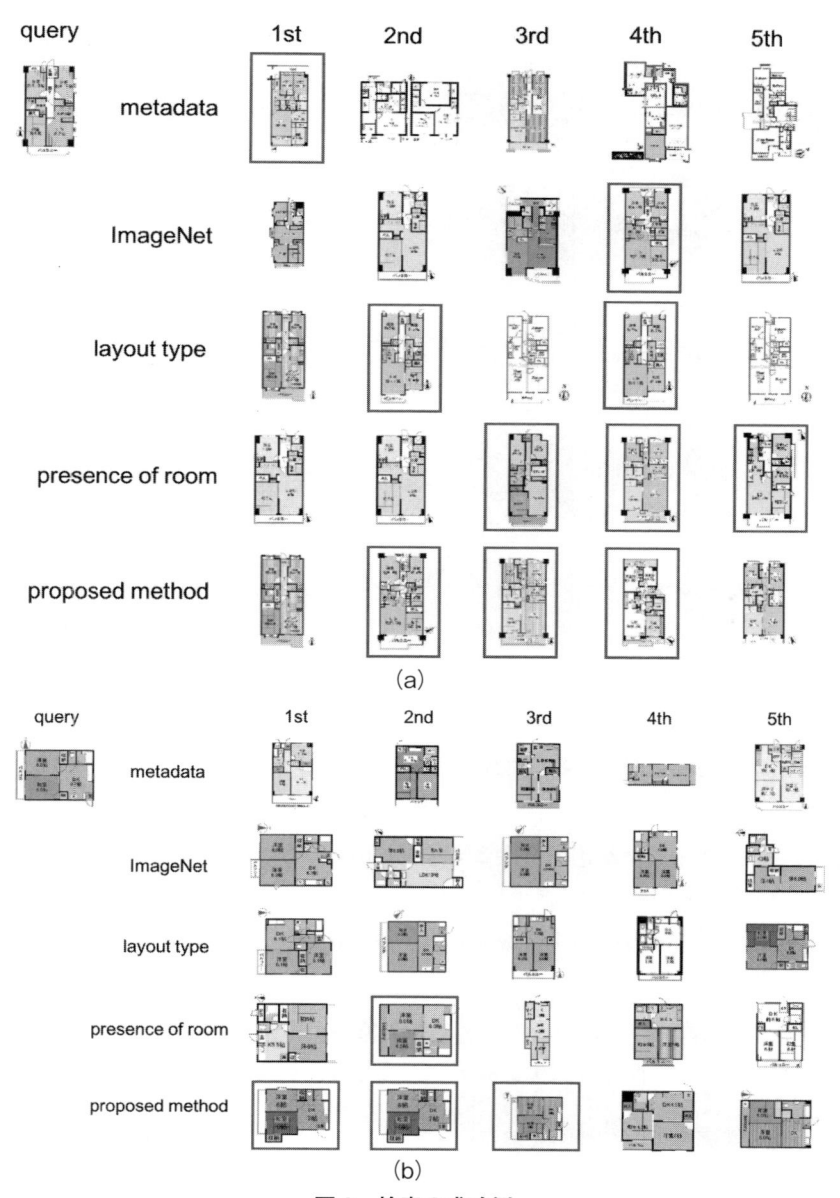

図 3 検索の成功例

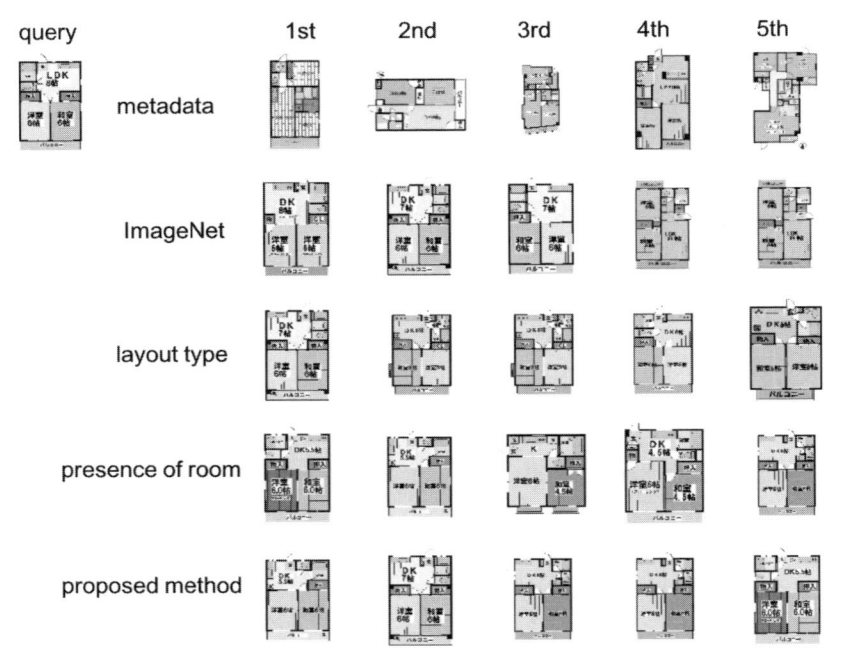

図4　検索の失敗例

　図4は，提案手法が失敗した例である。提案手法ではクエリ画像が2LDK
であることの学習に失敗し，2DKの画像を提示してしまっている。これは，
間取りタイプで見たとき2LDKと2DKは類似しているため間違いやすいとい
える。LDKのノードは間取り図をグラフ構造に落とし込んだとき，中央部分
に来るので，そのノードを間違えた結果，構造類似度としては低くなってしまっ
た。

　以上のことから，間取りタイプ，部屋の有無の両方を学習することで初めて
構造的に類似した間取り画像を検索できると考えられる。

(3)　主観評価を用いた検索実験

　(2)では検索結果の客観的評価尺度としてグラフ類似度を用いたが，本節では

以下の2つの間取り図は似ていますか

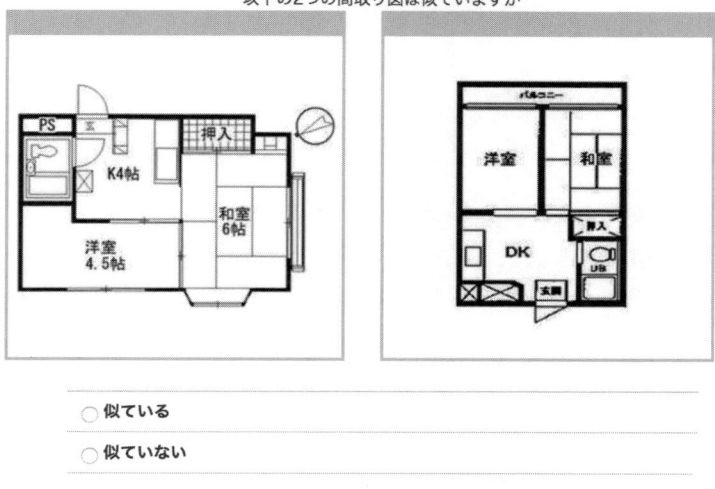

○ 似ている

○ 似ていない

図 5　オンライン主観評価の画面

　もう一つの評価手法として用いた主観評価実験について説明する。

　クエリとした間取り図と検索結果上位 5 件の間取り図のペアをそれぞれの手法に対して作成し，被験者にこれら 2 つの間取り図が類似しているかを尋ねた。図 5 に，実際に行った主観評価実験のインターフェースを示す。それぞれのペアに対して 10 人の被験者に対して同じ質問を行った。この実験は，Yahoo クラウドソーシングツール（https://crowdsourcing.yahoo.co.jp）を用いて行った。今回比較した手法は，(2)で比較した 6 つの手法のうち，ランダムを除いた 5 つの手法と，クエリ画像とグラフ類似度が高い間取り図上位 5 件を取ってくる手法の計 6 つである。

　この Yahoo クラウドソーシングツールに限らず，クラウドソーシングを提供するサービスは国内外に多数存在する。これまで，主観評価実験は被験者集めに苦労することが多かったが，簡単な主観評価であれば，このようなクラウドソーシングサービスを利用することで簡単に多くの被験者を集めることが可能となる。一方で，被験者の性別や年齢をコントロールすることが難しく，再

表6　似ていると答えた被験者の割合

一般的な 物件情報のみ	ImageNet に よる事前学習	間取りタイプ の認識のみ	部屋の有無 の認識のみ	間取りタイプ ＋部屋の有無 の認識	グラフによる 計算
0.258	0.373	0.455	0.442	0.469	0.444

度同じ人に実験を依頼することが非常に困難なので注意が必要である。さらには，全て第一選択肢を選択する，途中で回答を投げ出すなど不誠実な回答者もいることにも注意しなければならない。いい加減な回答を行うユーザかどうかは，たとえば左右で全く同じ画像を提示したり，それより前に提示した画像の左右を入れ替えて再度提示したりするなどのチェックポイントを設けることである程度結果から排除することができる。

　表6に主観評価実験の結果を示す。表中の値は2つの間取り図が似ていると答えた被験者の割合を示す。この表から以下のことが分かる。提案手法がメタデータを用いた既存手法に優っている。このことから提案手法の優位性が示される。しかし，グラフ類似度を用いた手法で似ていると答えた被験者の割合はあまり高くない。これは以下の原因が考えられる。間取り図をグラフ構造に変換する際に，部屋同士の位置関係や部屋の向きといった情報が失われてしまっている。この結果は，これらの情報が，被験者が間取り図の類似性を判断する際に重要である可能性を示唆している。

6. まとめ

　本章では，間取り図画像に対して間取りタイプを推定する学習，各部屋タイプの有無を推定する学習の2通りのマルチタスク学習を行って生成したモデルから深層特徴量を得た。その深層特徴量を用いて類似した間取り図画像の検索を行う手法について，その実装や評価方法などについて詳しく述べた。マルチタスクを行った深層学習によって，メタデータのみを用いた手法など5つの手

法と比べても最も高い類似間取り検索性能が得られることを紹介した。それにより以下の成果が得られた。

- 間取り図の分類において，間取りのタイプの学習や，部屋の有無の学習が有用であることを示した。
- 間取りのタイプの学習や，部屋の有無の学習を同時に学習する提案手法が最も優秀であることを示した。
- precison@5 で 15.7％の精度で構造類似度 0.9 以上の間取り画像を検索することができた。

7. 本手法の発展や残された課題

本章では，深層学習を用いた類似間取り検索を例に，不動産情報処理における深層学習の使い方を紹介した。この技術は，たとえばユーザの好みを反映した物件推薦にも転用可能である。文献 [12] では，不動産物件のオンライン推薦を目的として，ユーザと物件の属性データ，および過去に推薦した物件への興味度履歴を用いることで協調フィルタリングなどの手法より精度高く物件推薦が可能であることを示している。文献 [12] では，物件興味度履歴の解析に本章で紹介した特徴量を用いている。

類似間取りの検索は，本章で紹介した技術の他にも間取りの構造認識 [7][8][9] とグラフマッチング [11] を組み合わせることでも実現できる。他にもアプローチは可能であろうが，マルチタスク学習を用いた認識とその特徴量を使った検索は，他の問題への適用可能性が高く汎用性があるため，そこにフォーカスして技術の解説を行った。

残された課題について述べる。画像を用いた不動産情報処理はほとんど手付かずといってよく，様々な可能性が考えられる。たとえば，画像処理の分野では画像の審美性評価，すなわち人間がどれくらい美しいと思うかというスコアを高精度で予測する技術が成熟してきている。物件画像と問い合わせ数や成約

率などには何らかの関連があると思われるので，画像処理による解析が期待される。

　また，VR/AR を用いたバーチャル内見はキラーアプリであると長年いわれているにもかかわらず，なかなか定着しない。これは，VR/AR システム作成や運用コストの問題と，高品質で写実的な VR/AR 空間生成という技術的な問題があるとされている。3D 空間はこれまで計測することが当たり前だったが，深層学習の登場により補間や生成も可能となった。今後のブレイクスルーに期待したい。

〈参考文献〉

[1]　Yuki Takada, Naoto Inoue, Toshihiko Yamasaki and Kiyoharu Aizawa(2018) "Similar Floor Plan Retrieval Featuring Multi-Task Learning of Layout Type Classification and Room Presence Prediction", IEEE International Conference on Consumer Electronics (ICCE2018), pp. 931-936

[2]　高田祐樹，井上直人，山崎俊彦，相澤清晴 (2018)「深層特徴量を用いた間取り画像をクエリとする類似不動産検索」メディア工学研究会『ITE Technical Report』Vol. 42, No. 4, ME2018-23, pp. 211-216

[3]　花里俊廣，平野雄介，佐々木誠 (2005)「首都圏で供給される民間分譲マンション100㎡超住戸の隣接グラフによる分析」『日本建築学会計画系論文集』591, pp. 9-16

[4]　瀧澤重志，吉田一馬，加藤直樹 (2008)「グラフマイニングを用いた室配置を考慮した賃料分析：京都市郊外の3LDKを中心とした賃貸マンションを対象として」『日本建築学会環境系論文集』623, pp. 139-146

[5]　C. Liu, J. Wu, P. Kohli, and Y. Furukawa(2016) "Deep multi-modal image correspondence learning", arXiv preprint arXiv:1612.01225

[6]　Gregory Koch, Richard Zemel, and Ruslan Salakhutdinov(2016) "Siamese Neural Networks for One-shot Image Recognition", NIPS

[7]　S. Dodge, J. Xu, B. Stenger(2017) "Parsing Floor Plan Images", IAPR Conference on Machine Vision Applications (MVA)

[8]　Chen Liu, Jiajun Wu, Pushmeet Kohli, and Yasutaka Furukawa(2017) "Raster-to-Vector: Revisiting Floorplan Transformation", ICCV

[9]　Toshihiko Yamasaki, Jin Zhang, Yuki Takada(2018) "Apartment Structure Estimation Using Fully Convolutional Networks and Graph Model", Workshop on Multimedia for Real Estate Tech at ACM ICMR 2018 (Multimedia for RETech'18), pp.1-6

[10]　Kai Wang, Manolis Savva, Angel X. Chang, and Daniel Ritchie(2018) "Deep convolutional priors for indoor scene synthesis", ACM Trans. Graph. 37, 4, Article 70

[11]　大原康平，山崎俊彦，相澤清晴（2016)「間取りや広さをクエリとする直感的な不動産検索システム」情報処理学会第 78 回全国大会，5Y-08

[12]　K. Simonyan and A. Zisserman(2014) "Very Deep Convolutional Networks for Large-Scale Image Recognition", arXiv technical report

[13]　Yusuke Matsui, Yusuke Uchida, Hervé Jégou and Shin'ichi Satoh(2018) "A Survey of Product Quantization", ITE Transactions on Media Technology and Applications

[14]　Naoki Kato, Toshihiko Yamasaki, Kiyoharu Aizawa, and Takemi Ohama(2018) "Users' Preference Prediction of Real Estates Featuring Floor Plan Analysis using FloorNet", International Workshop on Real Estate Tech 2018 (Multimedia for RETech 2018) in conjunction with ICMR2018

不動産分野へのデータ解析と人工知能技術の応用

東京大学大学院 工学系研究科 システム創成学専攻 教授
和 泉　潔*

奈良先端科学技術大学院大学 特任准教授
理化学研究所 革新知能統合研究センター 研究員
諏 訪 博 彦**

東京大学大学院 情報理工学系研究科 ソーシャル ICT 研究センター 准教授
大 西 立 顕***

東京大学大学院 工学系研究科 システム創成学専攻 特任講師
坂 地 泰 紀****

東京大学大学院 工学系研究科 システム創成学専攻 特任助教
松 島 裕 康*****

1. 大規模データの紹介

　近年，大きく注目を集めた深層学習に代表されるように，人工知能（AI）または機械学習の分野における技術が様々な産業において活用されるようになってきている。こうした背景には，近年のコンピュータ技術の進歩に伴い，大量

*いずみ　きよし
東京大学教養学部基礎科学科第二卒業。同大学院 総合文化研究科 広域学専攻 博士課程修了。博士（学術）。電子技術総合研究所（現・産業技術総合研究所）勤務を経て，2010 年より東京大学大学院工学系研究科 システム創成学専攻 准教授。2015 年より同教授。マルチエージェントシミュレーション，特に社会シミュレーションに興味がある。著作に，和泉 潔ほか（2017）『 マルチエージェントのためのデータ解析』コロナ社，和泉潔（2003）『人工市場—市場分析の複雑系アプローチ』森北出版などがある。
**すわ　ひろひこ
群馬大学社会情報学部卒業。電気通信大学大学院情報システム学研究科博士後期課程修了。博士（学術）。2019 年 4 月より奈良先端科学技術大学院大学特任准教授および理化学研究所革新知能統合研究センター研究員。

のデータを高速に処理できるようになったことが大きい。具体的には，ストレージ（ハードディスク，SSD など）に保存可能なデータ量が多くなり，CPU やメモリの性能向上によりデータ処理速度や一度に処理可能なデータ量が増加している。また，画像処理に用いられていた GPU を機械学習（例：深層学習）などにも利用し，高速なデータ処理を実現している。その結果，優秀ではあるが，大量のデータを処理できなかったモデルが利用可能になり，色々な研究に利用されるようになった。

　コンピュータ技術におけるハードウェアの性能の向上と情報処理技術・AI 研究の進歩により，様々な大規模データの処理が可能となり，また，それらのデータを用いた機械学習や AI 技術によるデータに潜む有用なパターンの発見や活用する技術が産業・サービスへと実用化されてきている。

(1)　多様なデータとそれらを活用したサービス

　AI 研究において大規模なデータを扱うケースとして，インターネット上から収集されるデータを利活用することで AI 技術などが発展してきた。これら

＊＊＊おおにし　たかあき

筑波大学第一学群卒業。東京大学大学院工学系研究科修士課程修了。同大学院新領域創成科学研究科博士課程修了。博士（科学）。東京大学大学院法学政治学研究科助手，助教，一般財団法人キヤノングローバル戦略研究所研究員，主任研究員を経て，2013 年より東京大学大学院情報理工学系研究科准教授。複雑系科学，社会・経済物理学，データ科学の研究教育に従事。主に社会・経済のビッグデータを実証科学の視点から研究している。分野や手法を問わず，実証データに基づいて学術的・社会的価値のある新たな知見を発見することに関心がある。

＊＊＊＊さかじ　ひろき

豊橋技術科学大学工学部卒業。同大学院修士課程修了。同大学院工学研究科博士後期課程電子・情報工学専攻 修了。博士（工学）。2012 年，株式会社ドワンゴ入社。2013 年，成蹊大学理工学部助教。2017 年，東京大学大学院工学系研究科システム創成学専攻 助教。2018 年より同大学大学院工学系研究科システム創成学専攻 特任講師。自然言語処理，特に，テキストマイニングの研究に従事。IEEE，人工知能学会，電子情報通信学会，言語処理学会等の会員。

＊＊＊＊＊まつしま　ひろやす

電気通信大学電気通信学部卒業。同大学院修士課程・博士課程修了。博士（工学）。産業技術総合研究所特別研究員を経て，2018 年より東京大学大学院工学系研究科システム創成学専攻特任助教。マルチエージェントシミュレーション，機械学習，進化計算などの人工知能技術の研究教育に従事。IEEE，AAAI，人工知能学会，計測自動制御学会の会員。

大量のデータからパターンを発見し，提供するサービスの改善に知識として活用することで，サービスをより良くしユーザを増やす。これにより，さらに大量で多様なデータを蓄積し技術の改善へとつながるスパイラルを形成することで技術を発展させてきた。代表的なインターネットサービスである，情報検索サイトや e- コマース，ソーシャルネットワーク（SNS）などにおいて，多くのデータが蓄積され活用されている。また，身近におけるデータの代表的なものとして，SNS での繋がりや投稿データ（画像・テキスト・動画など），ユーザの行動履歴（インターネットの閲覧履歴・マウスのクリック）や，あるいは内蔵センサ（GPS・加速度センサ）が存在する。これらのデータは，スマートフォンや SNS の普及に伴い入手可能になった。さらに，これらを用いたサービスやアプリケーションが数多く提供されている。上記のデータを用いた技術としては，画像データからは一般物体認識や顔画像認識技術，SNS へ投稿されるテキストデータからはホットトピックなど流行のキーワードの抽出などがある。また，インターネットのページ閲覧履歴に基づいてウェブページ上に広告を表示する技術や，e- コマースでの購入商品や閲覧履歴から商品を推薦する手法，GPS データなどではある特定の店舗やエリアにおける混雑状況の予測提供など様々なサービスが提供されている。

(2) データの収集・前処理

　スマートフォンやインターネット上のサービスでは，多くのデータがほとんどコストをかけずに自動的に収集可能である。たとえば，ウェブで公開されているホームページの情報をクローリングやスクレイピングといった技術を使って自動的に収集することができる。さらには，政府や自治体が公開している公共データのようなオープンデータについても容易に取得が可能である。

　一方で，記録対象に対してデータ収集するためにセンサの設置を必要とする場合は，事前に何を観測すべきか，観測したデータをどう活用するのか，必要なセンサはなにかについて考慮しなくてはならず，うまくいかない場合はこれを繰り返すことになるため，コストが高くなる傾向にある。また，紙媒体など

でしか入手できないアナログな情報はコンピュータで処理できるようにデジタル化する必要がある。しかしながら，これらのデータは膨大であり，蓄積・処理するためには並列分散処理技術が必要不可欠である。

このようにして得られたデータであっても，欠損や雑音（ノイズ）などが含まれているため，処理しやすい形にデータを整理・加工する前処理（データクレンジング）をして，ようやく使えるデータとなる。

また，個人のプライバシーに関わる情報や個人情報，あるいは企業において部外秘扱いのようなデータについては，データの管理やセキュリティ面でコストが高くなりやすい。さらには，データへアクセス可能な者も限られてくるため，機械学習や人工知能の適用がされにくい状況も多い。

⑶　ビッグデータを活用する人工知能技術

このようにして収集や前処理されたデータを扱えるようになり初めて機械学習・人工知能技術の技術開発やサービス応用が進む。本章では，不動産に関わる様々なデータ，あるいは異なるデータとの組合わせに人工知能技術を適用し，データに潜む特徴や新たな知見を発見した事例を紹介する。

2. 位置情報付きツイッターによる地域の特徴分類と不動産価格推定

都市には，地域ごとに様々な顔がある。同じ市内でも地域と時間帯によって，そこで活動する人々の年齢や性別，職業の分布が大きく異なり得る。こういった地域の特徴は，その地域の不動産価値やマーケティング戦略などに大きな影響を与える。近年では，ツイッター等のソーシャルサービスの普及により，多くのユーザが自らの活動や感情を位置情報とともに発信するようになった。本節では，都内の各駅前でつぶやかれた大量のツイッターのテキストデータを分析し，駅ごとの特性を抽出した研究を紹介する（近藤・吉田・和泉・山田，

2016)。また，抽出された地域の特徴から駅ごとの不動産価格の違いを分析した研究も紹介する（近藤・和泉・山田・吉田，2016）。

(1) ユーザ属性の推定

今回の分析には，2012年から2015年までの4年間の日本国内の位置情報付きの約3億2千万件のツイッターのデータを用いた。このうち，ランダムに選択したユーザのプロフィール文章を読み，性別（男性／女性）や年代（10代／20代／30代／40代以上），職業（学生／社会人）のいずれか一つでも明らかなものを訓練データに使った。訓練データは各属性について25万件以上となった。

まず，訓練データのツイートに出現する単語の出現確率を計算し，男性クラスにおける「俺」や10代クラスの「部活」という単語のように，各属性クラスに偏って出現するクラス特徴単語を100語ずつ抽出した。次に，各ユーザが特定の期間に発信したツイートのテキストにクラス特徴単語のそれぞれが出現する確率を求め，この確率を説明変数とした決定木分析を行った。その結果，「俺」の出現確率が高く「♡♡」の出現確率が低いユーザが男性である確率が94.2％であるなどの属性推定ルールを複数得た。これらのルールを用いて分析に使わなかったツイートから属性推定したところ，性別が88.6％，年代が57.9％，職業が78.0％の高い推定精度で属性を当てることができた。

(2) 地域特性の分類

山手線の各駅を中心とした2km×2kmのエリアに対して，時間帯と曜日ごとにどのような属性の人々が活動しているかを推定した。各駅前でつぶやかれたツイートを上述の手法で分析し，ユーザの性別と年代，職業を推定した。時間帯は「0時〜6時」，「6時〜12時」，「12時〜18時」，「18時〜24時」の4分類，曜日は「平日」と「休日」の2分類を用いた。たとえばある駅について平日の6時〜12時は男性が78.3％で女性が22.7％，休日の18時〜24時は30代が全年代のうち15.2％を占めるといった特徴量を時間帯4分類×曜日2分類×属性16種類=128個ずつ各駅で計算する。これらの特徴量を用いてk平均

表1　主なクラスタと各クラスタで頻度の高い属性

地域クラスタ1	地域クラスタ2	地域クラスタ3	地域クラスタ4	地域クラスタ5
大崎，代々木，新宿，池袋，上野	高田馬場，日暮里，鶯谷	五反田，目白，駒込，田端，西日暮里	東京，有楽町，新橋，浜松町，田町，品川，恵比寿，大塚，巣鴨，御徒町，秋葉原，神田	渋谷，原宿
平日/0〜6時/女性	休日/12〜18時/学生	休日/18〜24時/40代	休日/0〜6時/社会人	平日/0〜6時/20代
平日/0〜6時/社会人	平日/18〜24時/学生	休日/6〜12時/学生	平日/18〜24時/男性	平日/6〜12時/30代
休日/6〜12時/女性	平日/18〜24時/10代	平日/0〜6時/学生	平日/18〜24時/社会人	平日/18〜24時/女性
休日/12〜18時/20代	平日/6〜12時/学生	休日/6〜12時/40代	平日/0〜6時/男性	平日/12〜18時/女性
休日/18〜24時/学生	平日/0〜6時/男性	平日/0〜6時/40代	休日/12〜18時/男性	休日/18〜24時/女性

法と呼ばれるクラスタ分析手法を用いて，山手線の各駅をクラスタに分類した（表1）。

　その結果，たとえば，高田馬場や日暮里が含まれるクラスタは，学生が多く活動する特徴を持つことが分かった。東京や新橋が含まれるクラスタは，夜の時間帯に男性や社会人が多く活動している地域であることが分かった。

(3)　不動産価格の分析

　ツイッターデータから抽出した各駅の特徴が，駅前の賃貸マンションの家賃に与える影響を分析した。山手線の各駅から徒歩距離が1km以内の物件約5万2千件に関するデータを用いた（HOME'Sデータセット）。

　まず，全物件について敷地面積，築年数，階数，部屋数，駅からの距離を説明変数として家賃を推定する重回帰分析を行った。その結果，上述の全ての説明変数が有意となり，決定係数も0.816で精度の高い推定式が得られた。推定式から得られた家賃と実際の家賃との残差をさきほどのクラスタごとに平均したところ，クラスタによって面積や築年数だけでは説明しきれない価格の偏りが存在していることが分かった（表2）。この価格の偏りこそが，地域の持つ特性から生じている地域の付加価値であると考えられる。

表2　各クラスタの平均残差　　　　　　　　　　　　（円）

地域クラスタ1	地域クラスタ2	地域クラスタ3	地域クラスタ4	地域クラスタ5
−450	−12,253	−9,459	5,108	37,262

表3　各クラスタでの重回帰分析の各要素の回帰係数

	地域クラスタ1		地域クラスタ2		地域クラスタ3		地域クラスタ4		地域クラスタ5	
（定数）	117,406	***	107,374	***	112,943	***	120,246	***	139,046	***
面　積	46,005	***	33,383	***	38,325	***	46,402	***	58,732	***
駅からの距離	-1,496		-1,273	*	-3,313	.	-1,595	**	-2,754	
築年月	-15,388	***	-8,873	***	-15,966	***	-13,161	***	-16,547	***
階　数	9,696	***	4,011	***	4,783	.	5,135	***	245	
部屋数	-4,397	***	1,144		105		-4,116	***	-935	
病院からの距離	-1,871	.	912	.	-2,561		1,965	***	-14	
コンビニからの距離	1,310	.	-2,132	**	-1,469		-11,834	***	1,273	
小学校からの距離	1,544	*	1,519	**	132		855	.	-7,760	

（注）　***0.1%有意，**1%有意，*5%有意，.10%有意。

　表2の結果と表1の特徴量を比較すると，たとえば2番のクラスタは学生が多く活動する地域であったが，比較的安価な物件が多いことが分かる。また，4番のクラスタでは夜に社会人や男性が多く活動する地域であったが，こちらは価格が高い物件が多いことが分かる。5つの地域クラスタごとに上記と同様の重回帰分析を行った（表3）。その結果，夜に社会人男性が多い地域クラスタ4ではコンビニからの距離の要素が家賃に反映されやすいなどの地域の特徴がよく現れた。

　このように，ユーザの属性から得られた地域の特性と，不動産価格の間には関連性があることが見て取れる。この結果を踏まえ，不動産を売る側の立場で考えると，地域の特性を用いることで不動産の適正価格の提案等のマーケティング戦略に活かすことができる。

3.　暗黙知センシングに基づいた飲食店向き不動産店舗の賃料推定

　不動産価格推定といっても，対象により賃料に影響を及ぼす要因は大きく異

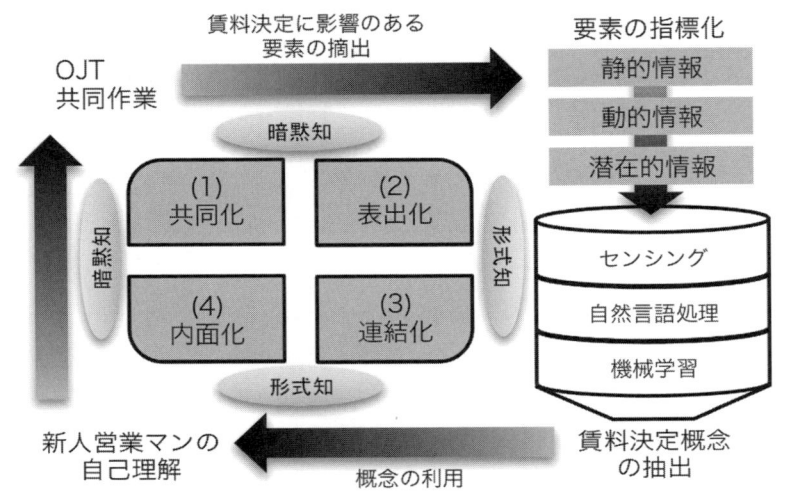

図1　SECI モデルと暗黙知センシング

（出所）　荒川ら（2018）。

なる。飲食店向き不動産店舗に対する賃料に影響を及ぼす要因をベテラン営業職員に聞いたところ，「立地」という回答が得られた。この立地には様々な意味合いが含まれており，たとえば路面店（１階の物件）や駅に近い物件の賃料が高くなりやすい傾向にある。この例は，わたしたち素人にもわかりやすいだろうが，意外な要因が賃料に影響を及ぼすことがある。たとえば，前の営業店舗が数十年続いた物件の場合，築年数の古い物件にもかかわらず，賃料を高く設定しても需要がある。「前の営業店舗が数十年続いた」という事実が，物件の価値を高めているのである。このような要因も，時として「立地」という言葉に内在されている。このように，不動産業界においては，ベテラン営業マンに内在している知識，いわゆる暗黙知が多く存在し，賃料の推定においても暗黙知が精度向上の鍵を握っている。

　暗黙知とは，個人に内在しているにもかかわらず，言語化されていない知識を意味する。暗黙知を伝承するための知識創造モデルとして，荒川らの SECI モデルがある（**図1**の左側）。SECI モデルでは，知識は暗黙知を表出化して形

式知にし，さらに連結化することで，概念として共有・伝承が可能となるとしている。この考えを援用すると，ベテラン営業職員の暗黙知は，表出化して形式知にし，さらに連結化することで，共有・伝承が可能となる。

　暗黙知センシングでは，要素の指標化（表出化）およびモデル化（指標の連結化）を行う。

　飲食店向き不動産店舗の賃料推定に対する暗黙知センシングでは，SECI モデルに基づき，**図 1** の右側に示すようなアプローチで賃料推定モデルを構築している。まず，ベテラン営業職員に対するインタビュー調査によって，暗黙知を形式知として表出化する。インタビューは，実際に物件の賃料を決定しているベテラン営業職員に対して行っている。まず，「どのような要因が賃料に影響を与えますか」という質問を行った。営業職員からは，「立地が重要です」などの回答が得られたため，「立地とはどういう要因が含まれますか」と重ねて質問した。その結果，「場所そのものの良さで，たとえば銀座や六本木などは良い立地です」や「人通りが多いところは良い立地です」，「人目に付きやすい場所です」などの回答が得られた。このように質問を重ねることで，「立地」という一言に集約されていた賃料の決定要因を詳細化していった。

　また，「それ以外の要因で賃料に影響を与える要因はないですか」や「○○についてはどうですか」など質問している。このように，1.質問を重ねて回答を詳細化すること，2.他の要因を促す質問をして回答を幅広くすること，3.回答されない要因について確認する質問をすることで，暗黙知の形式知化（指標化）を図っている。このような方法で形式知化された要因を整理した結果を**図 2** に示す。

　静的情報とは，面積，駅からの距離，階数など，飲食店向け不動産会社がウェブ上で物件情報として公開している情報であり，年数が変化しても基本的に変化しない物件固有の情報である。動的情報とは，地域ポテンシャルや通行量，視認性などであり，物件周辺の状況によって変化する情報である。

　また，営業職員が容易に指標化できない要因を潜在的情報と呼んでいる。潜在的情報の一例として「大通り沿い」があるが，単に大通り沿いであればよい

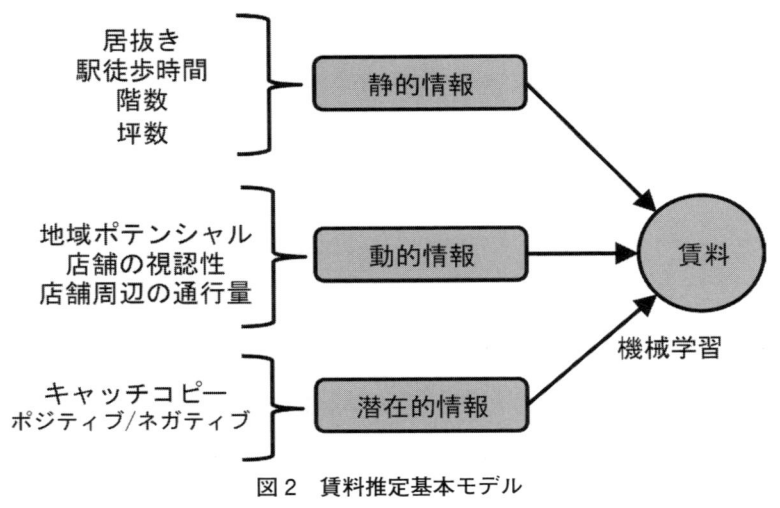

図2　賃料推定基本モデル

（出所）　荒川ら（2018）。

わけではなく，適度に交通量があり，かつ停車ができることなどが求められ，単純な指標化は困難である。そのため，潜在的情報についてはキャッチコピーを自然言語処理することで指標化した。このように整理することで**図2**に示した賃料推定基本モデルを構築することができる。

　ただし，この段階では，賃料に影響を及ぼすと考えられる要因が指標化されているだけで，各要因が本当に影響を及ぼしているのか，どの程度影響を及ぼしているのか明らかではない。そのため，次のステップとして指標化された各構成要素と賃料との関係を概念として連結化する。そのための手法として，機械学習を用いる。これにより，ベテラン営業職員の暗黙知であった賃料推定概念がモデル化され，営業職員は賃料推定概念を共有することが可能になる。

　図3は，構築された賃料推定概念モデルを用いて飲食店向き不動産店舗の賃料推定を行った結果である。決定係数 R2 は 0.738 であり，現場で参考にできる程度の精度となっている。また，動的情報である地域ポテンシャルや通行量および視認性が賃料推定に大きな影響を及ぼしていることが確認されている。さらに，潜在的情報が，それ自体では賃料推定能力は低いものの，静的情報，

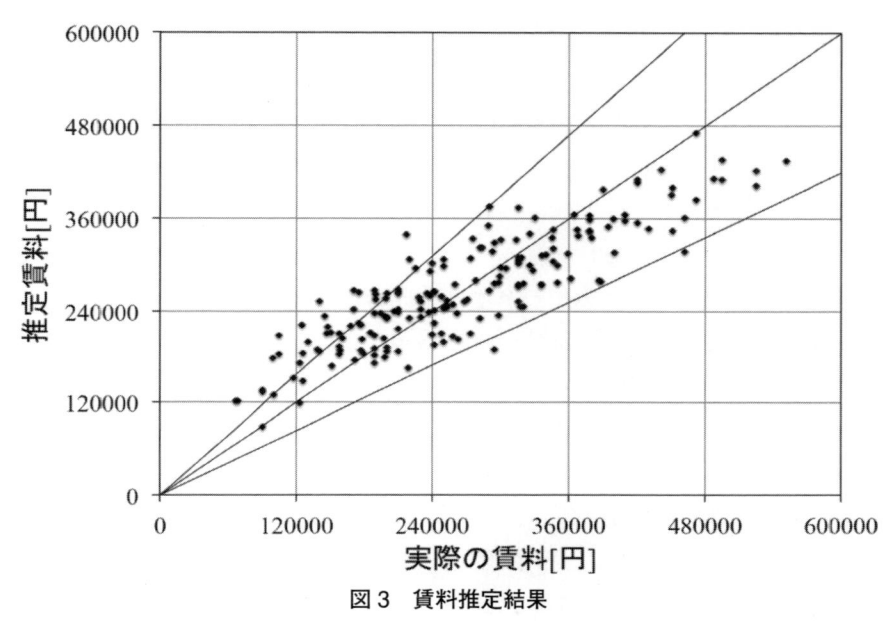

図3　賃料推定結果

（出所）　荒川ら（2017）。

動的情報と組み合わせることで，優れた賃料推定能力を発揮することが確認されている。

　この事例から分かる通り，賃料推定には既に存在する情報だけでなく，暗黙知を形式知化し，分析可能な指標として抽出することが重要である。

4.　中古マンション売買データを用いた不動産バブル度の測定

　多くの国々で，不動産バブルの発生とその崩壊が，経済の大きな混乱を引き起こしている。不動産バブルを早期に検知することは政策上も重要な課題である。リクルート社から提供された首都圏（1都3県）の中古マンション売買に関する物件別取引データ（1986 ～ 2015 年の約 100 万件の取引日，価格，面積，築

後年数など）を用いて，物件の価格分布の地域間格差から不動産バブル度を測定した研究を紹介する[4]。

　まず，価格がどのような物件属性から決定されるかを調べた結果，価格は面積とは強く相関しているものの，築後年数など他の属性情報からの影響はほとんどないことが判明した。次に，価格が面積からどのように決定されるかを調べた結果，面積が倍になれば価格も倍になるという単純な比例関係（$P \propto S$）ではなく，面積が広くなるにつれて価格は指数関数的に高くなること（$P \propto$ exp（0.013S））が分かった。面積が50㎡増えるごとに価格は２倍になり，面積100㎡の物件の価格は50㎡の２倍，150㎡の価格は100㎡の２倍になっている。不動産業界の実務の現場では㎡単価（$P \propto S$を仮定）では異なる物件間をうまく比較できないことが認知されており，異なる物件を比較する際には面積の大きさで物件をグループ分けし，それぞれのグループ内の物件同士で㎡単価を用いて比較している。これは，㎡単価では面積の調整がうまくできていないからである。面積が広くなるにつれて価格が指数的に高くなる性質に基づいて面積の違いを調整した「調整価格（Pexp（−0.013S））」を導入すれば，グループ分けの必要もなく統一的な議論が可能になる。

　すべての物件について調整価格を観測すると，物件の属性の違いが調整されているにもかかわらず，異なる二つの物件の調整価格は必ずしも全く同じ値にはならず，物件によって多少ばらつく。このようなばらつきが，誤差が集積することで生じる正常ゆらぎの場合，ばらつきの分布は正規分布に従う（中心極限定理）。したがって，調整価格の分布形状を観測することで正常ゆらぎなのか，そうでないのかを調べることができる。データから調整価格の分布を調べた結果，1998 〜 2012 年の平常時には正規分布に従うが，バブルといわれる 1986 〜 1997 年には正規分布から乖離し，裾の長いベキ分布に従うことを発見した（図4）。これは，調整価格のばらつきをゆらぎとして分析することでバブルの有無の判定が可能になることを示している。経済学では，バブルとは，価格がファンダメンタルズ（本来あるべき価格水準）から乖離することであると定義される。この乖離が測定できればバブルの判定が可能ではあるが，現実にはファ

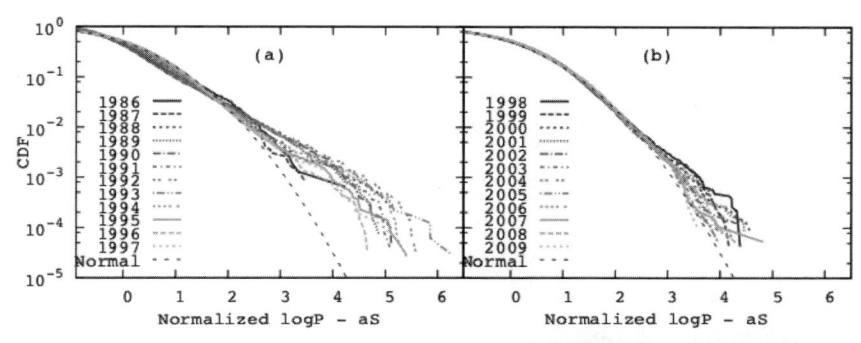

図4　1986～1997年(a)と1998～2012年(b)における調整価格の相補累積分布関数

ンダメンタルズを正しく推計することができないため実行できない。ゆらぎの分布形状に注目することではじめてバブルの判定が可能になる。

　平常時は，調整価格は正規分布（正常ゆらぎ）に従うため，ある二つの物件の調整価格の違いはせいぜい誤差の範囲内の違いであり，二つの調整価格は概ね同じ値であるとみなせる。異なる場所に立地する二つの物件の調整価格が同じということは，もし，この二つの物件の面積や築後年数などの属性が全く同じであれば，同じ価格で取引されるということである。これは，同じ品質の二つの商品が同じ価格になっている（裁定取引の機会がない）ことになるため，二つの物件の間に価格裁定が働いているといえる。したがって，統計学の視点から調整価格が正規分布に従っている領域（価格裁定が働く領域）が同一需給圏であると定義すると，平常時は首都圏全体が一つの大きな同一需給圏を形成し，首都圏全体が一物一価（同一の物件は同一の価格）の正常な状態になっている。一方，バブル時には首都圏全体が一つの同一需給圏にはなっていない。そのため，価格裁定が働かず一物一価にならないために，調整価格の違いは誤差の範囲を越えて大きくなり，ゆらぎ分布は正規分布から乖離することになる。

　しかし，バブル時でも，首都圏すべての物件を観測するのではなく，領域を十分に狭めた特定の地域内（同一需給圏内）の物件だけを観測すれば調整価格は正規分布に従うことをデータから示すことができる。つまり，バブル時は，

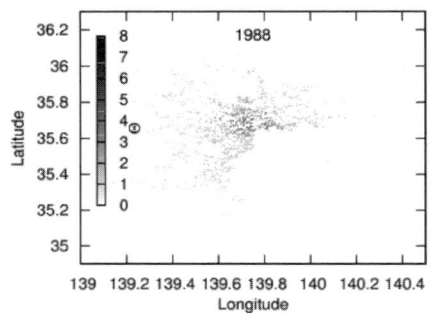

図5　首都圏における1988年時点のバブル度θの空間分布

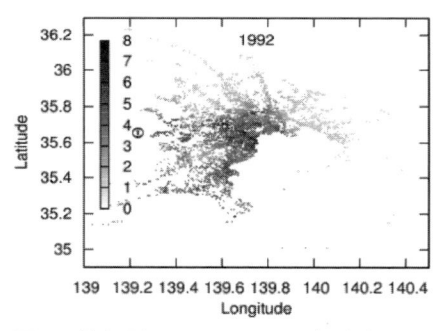

図6　首都圏における1992年時点のバブル度θの空間分布

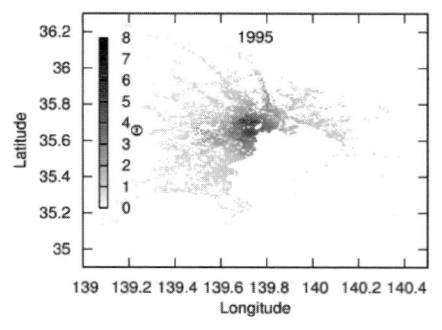

図7　首都圏における1995年時点のバブル度θの空間分布

投資家が近視眼的になり関心を持つ地域の範囲が極端に狭くなるため，地域毎に異なる同一需給圏が形成されてしまい，首都圏全体は複数の同一需給圏で構成されることになる。そのため，観測する地域の範囲をどんどん狭めていけば，やがて同一需給圏内になり正常ゆらぎが観測されることになる。この狭める範囲の大きさ（同一需給圏の大きさ）を用いて「バブル度」を測ることができる。範囲が狭いほどバブル度は高くなり，広いほどバブル度は0に近づく。各地点毎にデータからバブル度を測定した結果，1988年頃に都心で発生したバブル（図5）が都心の南西部へ波及し，1992年にバブル度が最大となり（図6），その後，南西部からバブルが終息し（図7），1998年にバブルが消失する様子を観測することができた。

　多様で詳細な情報が高頻度に記録されるビッグデータの時代になり，これらの膨大なデータを活用した実証科学的な研究が今後ますます進展すると考えられる。不動産バブルのメカニズムの解明や予兆検知などの研究も可能になってくると期待して

いる。

〈参考文献〉

(1) 近藤聖也・吉田孝志・和泉潔・山田 健太（2016）「位置情報付きツイートを用いたユーザ属性推定と地域クラスタリング」 2016 年度 人工知能学会全国大会

(2) 近藤聖也・和泉潔・山田健太・吉田光男（2016）「Twitter から抽出した地域特性による不動産価格の分析」https://www.nii.ac.jp/dsc/idr/userforum/poster/IDR-UF2016_P10.pdf

(3) HOME'S データセット　http://www.nii.ac.jp/dsc/idr/next/homes.html（2018 年 9 月 3 日アクセス）

(4) Takaaki Ohnishi, Takayuki Mizuno, Chihiro Shimizu, Tsutomu Watanabe（2012）「Power Laws in Real Estate Prices during Bubble Periods」『International Journal of Modern Physics: Conference Series』vol.16, pp.61-81

(5) 荒川周造・諏訪博彦・小川祐樹・荒川豊・安本慶一・太田敏澄（2018）「暗黙知センシングに基づいた飲食店向き不動産店舗の賃料推定」2017 年度人工知能学会全国大会

(6) 荒川周造・諏訪博彦・小川祐樹・荒川豊・安本慶一・太田敏澄（2018）「暗黙知に基づく飲食店向け不動産賃料推定モデルの提案」『情報処理学会論文誌』59 巻 1 号，pp.33-42

テクノロジーによる都市計画の歪みの顕在化と変革の兆し

三井不動産株式会社

北 崎 朋 希*

1. はじめに

　都市計画は，一つの建物が一つの用途で占有されていることを原則としてきた。また，全ての交通は目的を持っており，目的地まで最短経路を選択することが前提と考えられてきた。近代都市計画の父，エベネザー・ハワードが1898年に提唱した明日の田園都市は，店舗，住宅，工場，農地などが同心円状の道路で区切られた用途純化の街を目指した。また，1930年に自動車とエレベーターの普及を見越したル・コルビジェが提案した輝く都市では，オフィスや住宅で用途純化された高層建築物が整然と整列し，歩車分離された道路が格子状に配置された姿を理想とした。こうした価値観は1960年代のジェイン・

*きたざき　ともき
筑波大学第三学群社会工学類都市計画専攻卒業。同大学院システム情報工学研究科修了。博士（工学）。2006年に（株）野村総合研究所に入社後，主に都市・不動産・インフラに関する調査研究やコンサルティングに従事。2015年から2017年まで三井不動産アメリカ(株)において不動産開発・投資やテクノロジーに関する調査研究に従事。2018年から三井不動産(株)で都市計画・不動産開発・不動産テックに関する調査研究に携わる。筑波大学システム情報系社会工学域非常勤講師。近著に『不動産テック―巨大産業の破壊者たち』（日経BP社，共著），『東京・都市再生の真実』（水曜社，単著，日本不動産学会著作賞受賞）などがある。

ジェイコブズらによる市民活動によって，用途の混在や歩車共存などを取り入れてゆっくりと変化してきた。しかし，近年こうした価値観の変化がテクノロジーによって加速しており，一部では既存の法制度で対応することが困難となっている。

　シェアリングエコノミーの代表格である Airbnb や HomeAway による民泊ビジネスは，住宅と宿泊施設という用途の境界を消失させて，住宅は特定の者が空間を長期に占有するという概念を打ち崩してしまった。また，Uber やLyft によるライドシェアサービスは，バスやタクシーなどの公共交通を代替するサービスとして登場したが，その急速な成長は都市交通を麻痺させる事態に発展している。一方，不足する宿泊需要を補完する存在として民泊ビジネスの役割を認める地域も存在したり，交通弱者のモビリティを向上させる手段としてライドシェアが活用されるなど新たな動きもみられる。本章では，こうしたテクノロジーによって変革期を迎える都市計画の歪みを浮き彫りにし，さらに都市計画の変革を加速させるテクノロジーの動きを報告する。

2.　民泊ビジネスによって歪む既存法制度

　2008 年 8 月，現在の Airbnb の前身である Airbed and breakfast.com といううマッチングサイトがリリースされた。サンフランシスコに住む 2 人の工業デザイナーがルームシェアしている住宅の家賃を補うため，住宅の一室にエアーベッドを設置して朝食を提供するというアイデアを思いついた。この小さな取組みが住宅の一室または全てを貸したい人「ホスト」と借りたい人「ゲスト」を結びつけて，その宿泊料金の 10％前後を手数料として徴収するというビジネスモデルへと進化し，10 年後に 191 か国 500 万室を提供する世界最大のシェアリングエコノミーのプラットフォームへと成長した。しかし，このユニークなビジネスは，住宅と宿泊施設の境界を消失させたことで民泊の利用者が集中する大都市の自治体や住民との間に様々な摩擦を引き起こしている。

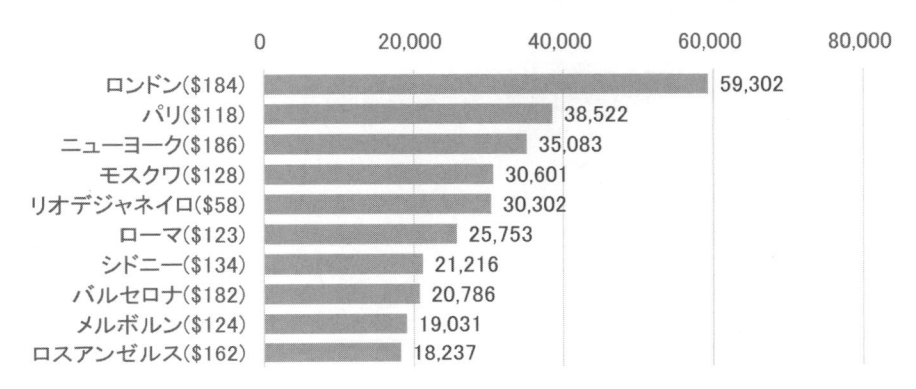

図1　Airbnb の都市別リスティング件数

（注）　括弧内は平均利用料金。
（出所）　参考文献(1)より作成。

　度重なる取締強化を実施しているにもかかわらず，世界で最高額となる利用料金を記録[1] しているニューヨーク市では，ホテル総客室数11万室の約3割に相当する3万5,000室がAirbnbに登録されており，その8割以上が一室または一棟貸しを目的としたホスト不在型民泊である（図1）。創業時のホストとゲストの交流を生み出すという高尚な理念はいまや見る影もない。市内では，ニューヨーク州集合住宅法によって30日未満で住宅を賃貸することが2010年から禁止されている。また，宿泊施設などの商業不動産の立地は厳しく制限され，住宅地域には不特定多数の人が出入りする建物の開発は認められていない。さらに住宅は商業不動産と比較して課税標準額が低く抑えられており，宿泊施設よりも固定資産税の負担は圧倒的に小さい。加えて，宿泊施設は観光振興を目的として客室売上高あたり5.875％のホテル税も課されている。こうした建物の位置，利用方法，税負担の差異に加えて，防火，衛生，安全といった様々な規制を超越する存在として民泊ビジネスが突如として登場したのである。

　2014年10月，ニューヨーク州司法長官事務所は民泊の社会問題化を受けて，民泊の問題点を指摘した報告書を公表した[2]。報告書では，72％のリスティングが違法状態にあり，2013年のホテル税が1,400万ドル喪失したことを指摘

表1　民泊による賃料上昇効果の検証

エリア	民泊による年間賃料上昇率 （2014 → 2017 年）	サブエリア別の 3 年間の賃料上昇率（中央値）
ミッドタウン マンハッタン	1.42%	チェルシー：$610 〜 $720 クリントン：$690 〜 $780 アッパーウエストサイド：$560 〜 $580
ダウンタウン マンハッタン	1.17%	イーストビレッジ：$610 ウエストビレッジ：$570 ロウワーイーストサイド：$510 〜 $590
イーストサイド マンハッタン	1.31%	セントラルハーレムノース：$460 セントラルハーレムサウス：$490 イーストミッドタウン：$640 〜 $720
ノースセントラル ブルックリン	1.42%	ベッドフォード：$370 イーストウィリアムズ：$470 パークスロープ：$310 〜 $350

（出所）　参考文献(3)より作成。

した。さらに，市内の全ホストの6％にあたる1,406名が売上高の37％を占めており，住宅が商業目的に利用されていることに警鐘を鳴らした。

　こうした住宅の商業不動産化によって住宅不足に拍車がかかっている。ニューヨーク市では，継続的な人口増加によって住宅の空室率は3％を下回る水準で推移しており，市民のうち約55％が所得の3分の1を家賃に費やしている状態にある。こうした状況に対してマギル大学都市計画学部の教授らが民泊ビジネスによる家賃の上昇を検証した[3]。その結果，市内全体の民泊売上高のうち75％（4億9,000万ドル）が違法リスティングによるものであり，最大1万3,500戸が賃貸住宅市場から消失していると指摘した。さらに，2014年から2017年にかけて年率1.2 〜 1.4％の賃料上昇を引き起こしており，市全体で380ドル，マンハッタンの一部地区では700ドル以上賃料を高めていると結論づけた（表1）。

　こうした民泊ビジネスによって不満を高めているのは市民だけではない。ホテルの業界団体であるアメリカンホテル・ロッジング協会は，Airbnbが2016年に20億ドルの売上を国内で生み出しており，81％がホスト不在型の民泊であることを指摘し，ホテル業界の雇用を奪うものと強く批判した。またニューヨーク市ホテル協会は，年間4億5,000万ドル（2015年）の売上高が失われて

いると抗議し，ホテル平均客室単価は観光客数が増加し続けているにもかかわらず 2015 年以降は減少の一途をたどっていると非難した。

　こうした民泊ビジネスの社会問題化に対して，ニューヨーク市では 2013 年に違法民泊に対して 1 泊あたり 2,400 ドルの罰金を請求できる法改正を実施し，さらに 280 万ドルの予算を確保したうえで検査官を 12 名から 29 名まで倍増させた。しかし，この規制強化によっても違法民泊は解消しなかったため，2018 年 7 月には違法物件を掲載しているホストの氏名，住所，電話番号，電子メール，銀行口座を民泊事業者に開示させる条例を導入した。民泊事業者が情報開示を拒否した場合，事業者には 1 件あたり 1,500 ドルの罰金が請求され，ホストには 2 万 5,000 ドルの罰金が請求される。この強化策に対して，Airbnb と HomeAway は同条例が憲法違反であることを理由にニューヨーク州南地区連邦検察庁に申立てを行っており，民泊事業者と行政との対立が深刻化している。

3.　民泊ビジネスと共存する社会的ルールの確立

　一方，民泊ビジネスに理解を示し，法制度を変える自治体も出てきている。ニューヨーク市とハドソン川を挟んで対岸に位置するニュージャージ州では，全米で最も早く民泊ビジネスの合法化に動いた地域である。2016 年に同州ではホストに対して，ホテル事業者と同程度の税負担を課すために，売上税 6.625% とホテル税 5% を民泊事業者が徴収することを求める条例を制定した[4]。

　また，ニューヨークやパリを上回ってリスティング件数のトップとなったロンドンでも民泊合法化に向けた法改正が行われている。シェアリングエコノミーの育成を都市政策に掲げているロンドンでは，1973 年に創設されたグレーターロンドンカウンシル法によって 90 日未満で住宅を賃貸することが禁じられていた。そのため，賃貸する場合には住宅から宿泊施設への用途変更が必要とされ，建物の新築や改築と同じく都市農村計画法に基づいた計画許可を取得し，周辺住民からの意見聴取や専門家による審査を受ける必要があった。しか

し，ロンドン市では 2015 年に規制緩和を実施し，計画許可を受けずに年間 90
日を上限として住宅の短期賃貸を認めることとした[(5)]。これまでロンドン市ウ
エストミンスター区では，6 名の検査官を展開して現地を調査し，民泊してい
る不動産所有者を見つけて警告を繰り返してきた。しかし，この捜査で違法行
為を全て取り締まることは不可能であり，結果として見逃されている住宅も多
かった。そこで一転して民泊を合法化し，住宅を短期賃貸する場合の注意喚起
や周辺への悪影響が生じた場合の対応を充実させる方向に舵を切ったのであ
る。この動きに呼応するかたちで民間でも自主的なルールの制定に取り組み始
めている。2017 年に設立された英国短期宿泊協会では，ホストに対するガイ
ドラインを公表している。このガイドラインでは，90 日以内の短期賃貸を厳
守することを明記し，自らの住宅を短期賃貸する場合の留意事項を列挙してい
る。また，協会では 90 日以上の短期賃貸を希望するホストに対して，計画許
可取得に向けた支援を展開している。現在，ロンドン市にはホテル総客室数
20 万室の約 3 割に相当する 6 万室が Airbnb に登録されている。この都市では，
新たな産業育成に対して行政による規制のみに頼るのではなく，民間企業や業
界団体の自主規制を含めた社会的なルールを確立しようと模索している。

4.　ライドシェアによる交通渋滞の深刻化

　2009 年 3 月，サンフランシスコでタクシーが摑まりにくいという問題を解
決するために創業されたのが，世界 70 か国 450 都市以上で展開するライドシェ
ア最大手 Uber である。一般車と乗客をマッチングさせるこの独創的なサービ
スは，各都市のタクシー業界と激しい対決を繰り広げながら急速に拡大してい
る。
　しかし，この成長に転機が訪れている。Uber や Lyft などライドシェアの利
用者が最も多いニューヨーク市では，2018 年 8 月にライドシェアの車両台数
を制限する条例を可決した。この台数制限は 2015 年にも一旦提案されたが，

新たな規制によって待ち時間と料金が増加することに警鐘を鳴らすデブラシオモード（市長の氏名をもじったポップアップ表示機能）を Uber が導入し，利用者に対して地元政治家に規制撤回を支持する行動を促した。その結果，条例案は取り下げられることとなったが，数年間を経て事業環境が一変した。2015年に市内のライドシェアは 1 万 2,600 台とタクシーと同数であったが，2018 年には 8 万台を超える規模にまで増殖した。その結果，タクシードライバーの収入が減少するだけでなく，ライドシェアドライバーの賃金も低下しており，なかには生活苦から自殺者が出るなど労働環境が悪化している。条例によって今後 1 年間はライドシェアの車両登録が禁止され，市のタクシー・リムジン委員会によってタクシーとライドシェア双方のドライバーの最低賃金が導入された。

　しかし，これだけでライドシェアの問題が全て解決されるわけではない。近年，新たに問題視されているのが交通渋滞の悪化だ。Uber は，個人が所有する自動車への依存度を減らして，公共交通機関とライドシェアが融合する社会を目指している。しかし，カリフォルニア大学デービス校の博士課程在籍者らが米国大都市に居住する 4,094 名にアンケート調査を実施した結果[6]，49 ～ 61％はライドシェアサービスが使えない場合には自転車や公共交通機関があっても外出しないと回答した。これはライドシェアによって新たな交通需要が発生していることを意味しており，公共交通機関を補完するという役割は担っていないといえる。

　また，都市交通コンサルタント会社がマンハッタン都心部を対象に実施した2017 年の調査によれば[7]，乗客を乗せていないタクシーとライドシェアの交通量は 2013 年と比較して 81％増加しており，道路上に乗客を待つタクシーとライドシェアが滞留していると指摘した（図 2）。さらに，滞留する自動車が増加したことによって自動車速度が 18 ～ 19% 低下しており，結果的に乗客の移動時間が増加して利便性の低下を招いていることを明らかにした（図 3）。同分析では，タクシーやライドシェアの車両台数を削減することが都心全体の交通量を縮小させて乗客非乗車時間を短縮し，ドライバーと利用者の満足度を高めることにつながると結論づけた。

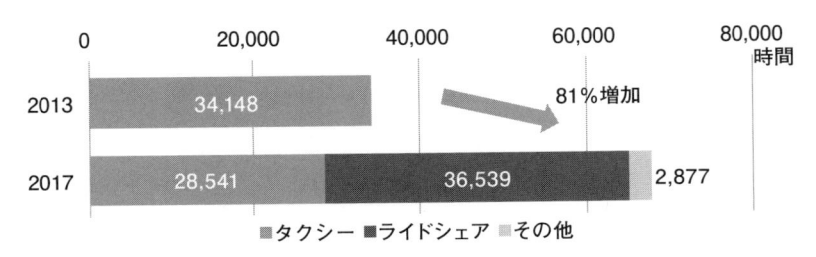

図2　タクシー・ライドシェアの乗客非乗車時間の変化

（出所）　参考文献(7)より作成。

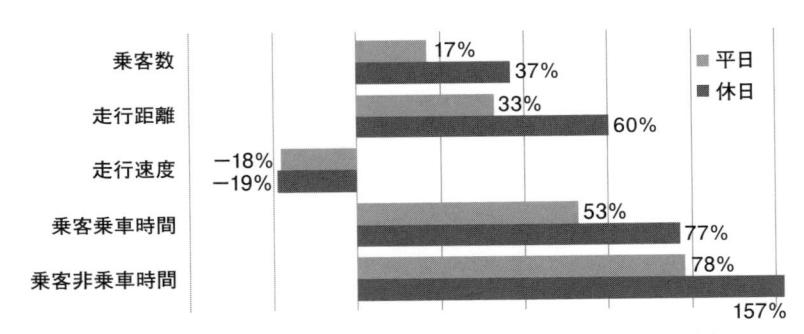

図3　タクシー・ライドシェア利用状況の変化（2013 → 2017 年）

（出所）　参考文献(7)より作成。

　都市計画における交通需要予測は，まず交通がどこで発生し，どこへ集中するのかという発生・集中交通量を推計し，その交通量がどこからどこへ移動するかという分布交通量を分析する。そして，この分布交通量がどの交通手段を用いるかという分担交通量を求めたうえで，最終的にどの経路を選択するかという配分交通量を算出することで交通需要を管理し，道路や公共交通機関などのインフラ整備の計画を立案している。

　しかし，ニューヨーク市のようにライドシェアの車両台数が急増したことによって，道路上に乗客が乗っていない自動車が滞留するという無目的地の交通量が増加している。これは発生・集中交通量とその小計値である分布交通量の不一致を生み出しており，従来の予測手法では対応することが困難となっている。

こうした想定外の交通需要の発生に対して Uber では，交通需要予測の改善を目的として利用者の地域間の移動時間などのデータを匿名化して提供するプラットフォーム「Uber Movement」の無償提供を開始したが，依然として抜本的な改善策は見出せていないのが現状である。

5. ライドシェアによる公共交通の進化

2015 年 12 月，米国運輸省は公共交通を新しい技術やサービスによって都市問題を解消する「スマートシティチャレンジ」と呼ばれるコンペを開始した[8]。Google のグループ会社 Sidewalk Labs は 2016 年 3 月から同省と共同で対象都市を募集し，Airbnb や Uber など 1 万社のテック企業が本社を置くサンフランシスコ，ミレニアル世代に最も住みたい都市として評価を得ているポートランド，Uber による自動運転車の実証実験が既に行われているピッツバーグなど 78 都市が応募した。

そして，同年 5 月に対象地として選ばれたのが米国中西部にあるテックとは無関係のオハイオ州コロンバス市であった。同市は州都として 80 万人が居住し，人口が急速に増加している成長都市である。しかし，路面電車や地下鉄といった大量輸送機関を整備してこなかったため，都心部では渋滞が深刻化していた。同市では，この問題を解決するために，ライドシェアタクシー，カーシェア，自動運転車などの新技術を導入して解決することを提案した。米国運輸省は，他の民間財団と合わせて 1 億 4,000 万ドルの補助金を同市に交付することを決定し，Sidewalk Labs や他の民間企業が中心となって問題解決のプログラムを構築している。

プログラムは大きく分けて二つ計画されている[9]。

第一に，ダイナミック駐車システムの構築だ。一般的に都心部の自動車交通量の約 3 割は駐車スペースを探すために発生しているといわれている。この駐車スペースの探索を効率化させるために Sidewalk Labs は，Google Map のス

トリートビューを作成する自動車を市内に巡回させて駐車スペースを常時モニタリングし，交通情報検索アプリ Flow を開発して利用情報を公開することで，より円滑に駐車スペースを探し出すことを支援している。この手法は，全ての駐車スペースにセンサーを取り付けるよりも低コストで迅速に対応することが可能となっている。さらに同社では，週末や夜間に利用されていない住宅やオフィスの専用駐車スペースを登録してもらうことで，追加コストを発生させずに公共駐車スペースの拡大を目指している。

　第二の取組みが公共交通機関の充実だ。公共交通をバスとタクシーのみに依存している同市では，慢性的な渋滞によって自動車を保有しない市民にとって移動しにくい状態にある。そこで，Sidewalk Labs では 100 台の無料 Wi-Fi キオスクの設置と市内 1 万 3,000 台のバスやタクシーにセンサーを搭載し，道路の渋滞状況にあわせて経路や運行間隔を調整しようと考えている。さらに，Uber や Lyft などのライドシェアタクシーや，Zipcar などのカーシェアなども公共交通機関と位置付けて，前述のアプリ Flow を用いて道路の渋滞状況や公共交通機関の位置関係から，最適な交通手段や経路，料金を検索することを可能とする予定である。同市では，バスしか交通手段のない約 9 万人の低所得者層のモビリティを高めて，教育・医療・雇用の機会をさらに高めたい考えだ。なお，同市ではアプリの利用料収入の 1% を受け取る予定であり，年間 225 万ドルの収入を見込んでいる。

6. アウトカムに基づく都市計画を目指して

　Sidewalk Labs では，こうした新たな商品やサービスの開発を通して，交通，電力，上下水道などのインフラを効率化するためのプラットフォームを完備したスマートシティの開発を目指している。この都市開発には，交通渋滞，環境汚染，地球温暖化などの様々な都市問題を解決するためのテストベッドとしての役割が期待されており，100 名を超える都市計画の研究者や技術者などが参

加する見込みである。同社では，このスマートシティ建設のために既存の法規制をゼロベースから構築できる地区の募集を 2016 年から開始し，第一弾をトロントのウォーターフロント地区のキーサイドと呼ばれる 5 ヘクタールの用地に決定した。

　従来の都市計画は，交通，安全，防災，衛生，景観などの都市環境の悪化を未然に防ぐために，あらかじめ建物の位置，用途，形態，構造などを細かく列挙して規制してきた。しかし，こうした厳格な仕様規定に基づいた都市計画は，外部不経済を最小化するには有効であったが，一部では用途の単一化や賑わいの喪失などを引き起こしてきた。そこで同プロジェクトでは，都市計画の規制を新たな地区で実現したい成果や効果（アウトカム）を判断基準とする性能規定へと転換しようと試みている[10]。

　第一に取り組んでいるのが，「用途の簡素化」である。現在，トロント市の都市計画では建物用途が 20 種類に分類され，各地区で建築できる用途が規定されており，複合用途の開発が困難となっている。そこで Sidewalk Labs は，用途の 8 割に該当する項目を「ニュートラル」という新たな用途へと一本化し，開発の自由度と質の向上に取り組んでいる。

　第二に取り組んでいるのが，「モニタリングによる柔軟性の確保」である。これは，同社が仕様規定によって定められた既存の規制を検証し，安全，日照，空気の質，快適性，持続可能性，インフラ負荷などの観点で性能に基づいた規制へと転換するものである（表 2）。たとえば，これまで日照は建物の形状で規制されてきたが，同社では日照と同等の性能を有する独創的な手段によって代替することを目指している。また，住宅や工場など相反する用途はあらかじめ分離されてきたが，同社では，近隣紛争の発生を未然に防ぐためのモニタリングの充実と執行の強化によって用途混在を適切にマネジメントする予定である。

　そして，第三に取り組んでいるのが，「相互運用性の実現」である。これは，地区内のあらゆる空間が相互に連携して運用できる能力を身に付けることを意味している。現在の都市計画では，即地的・即物的な規制によってあらゆる物

表2　Sidewalk Labs が導入する性能規定に基づく規制と現行規制の比較

	現行の規制	性能規定に基づく規制
用途混合	用途純化による紛争の事前回避	モニタリングと執行保証による紛争マネジメント
構造の安全性	建築審査が唯一の対応	継続的モニタリングによる新建築技術の導入
日　照	影を回避する建物形態	性能に基づく独創的な空間特有の解決方法
迷惑行為	利用制限による騒音・臭気の防止	信用するが検証する方式で創造的な利用を実現，違反者には罰金等を適用
エネルギー・水	設計時の検証，竣工後のアウトカム評価はなし	竣工後の性能をモニタリングすることで規制遵守と低コストで創造的な解決法を導入

（出所）　参考文献(10)より作成。

理的機能が縛られており，建物や街区などを横断して連携するという考えが希薄であった。そこで同社では，モジュールインテリア，電力や上下水道などのユーティリティ設備，廃棄物処理システムなどの相互運用性を高めて，あらゆる用途でも汎用的な対応を可能とし，局所的な負担が発生する空間には他の空間がその負荷をサポートするといった仕組みを考えている。

　最後に，第四としての取組みが，「自動許認可システムの導入」である。現在，トロント市に提出された建築申請書のうち約20％が定められた期間内に審査が終了しておらず，不動産開発の遅延が常態化している。そこで同社では，申請内容が性能や安全の基準に適合するか否かを瞬時に判断して回答するシステムを提供する予定である。これにより申請書作成や許認可手続きの制約を解消し，不動産所有者，開発事業者，建物利用者らの開発可能性を高めることを目指している。このキーサイドの開発は，将来的に隣接する港湾地区を取り込んで325ヘクタールまで拡大する計画である。

　このように，テクノロジーの進化によって都市計画の原則や前提が次々と打ち崩されている。しかし，行政による一方的な規制に頼るのではなく社会全体としてのルールを構築したり，公共弱者という社会問題の解決手法としてテクノロジーが活躍している。さらに，既存の法制度を抜本的に見直す契機として

テクノロジーが活用されており，今後のさらなる展開に期待したい。

〈参考文献〉

(1) Gina Hall "New York and L.A. only US cities in Top 10 Airbnb listings" Aug 8, 2018, New York Business Journal, https://www.bizjournals.com/newyork/news/2018/08/07/new-york-and-la-only-us-cities-in-airbnb-list.html, (accessed 2018-9-1)

(2) The Office of New York State Attorney General "Airbnb in the city" Oct. 2014, https://ag.ny.gov/pdfs/AIRBNB%20REPORT.pdf, (accessed 2018-9-1)

(3) School of Urban Planning, McGill University "The High Cost of Short-Term Rentals in New York City" Jan. 2018, https://mcgill.ca/newsroom/files/newsroom/channels/attach/airbnb-report.pdf, (accessed 2018-9-1)

(4) Leonard Cohen "The Sharing Economy: Airbnb and Municipal Zoning Regulation" http://planning-org-uploaded-media.s3.amazonaws.com/document/Division-Planning-Law-Sharing-Economy-Airbnb-Zoning.pdf, (accessed 2018-9-1)

(5) Mara Ferreri, Romola Sanyal "Platform economies and urban planning: Airbnb and regulated deregulation in London" Feb. 2018, Urban Studies

(6) Regina R. Clewlow, Gouri Shankar Mishra "Disruptive Transportation: The Adoption, Utilization, and Impacts of Ride-Hailing in the United States" Research Report UCD-ITS-RR-17-07, http://www.reginaclewlow.com/pubs/2017_UCD-ITS-RR-17-07.pdf, (accessed 2018-9-1)

(7) Schaller Consulting "Empty Seats, Full Streets: Fixing Manhattan's Traffic Problem" Dec. 2017, http://schallerconsult.com/rideservices/emptyseatsfullstreets.pdf, (accessed 2018-9-1)

(8) U.S. Department of Transportation "Smart City Challenge" May 2016, https://www.transportation.gov/sites/dot.gov/files/docs/Smart%20City%20Challenge%20Lessons%20Learned.pdf, (accessed 2018-9-1)

(9) City of Columbus "Beyond Traffic: The Smart City Challenge" May 2016, https://www.columbus.gov/WorkArea/DownloadAsset.aspx?id=2147487896, (accessed 2018-9-1)

(10) Sidewalk Labs "Vision Sections of RFP Submission" Oct. 2017, https://sidewalktoronto.ca/wp-content/uploads/2018/05/Sidewalk-Labs-Vision-Sections-of-RFP-Submission.pdf, (accessed 2018-9-1)

不動産取引における
クラウドファンディング活用

株式会社クラウドリアルティ 代表取締役

鬼 頭 武 嗣*

　クラウドファンディングとは，不特定多数の個人や法人から少額資金などの様々な財産的価値を募る行為であり，取引参加者の関係性や対価の性質などの違いによって，その種類は非常に多岐にわたっている。

　本章では，一般的なクラウドファンディングの特徴や分類などについて解説し，不動産に係る様々な取引と組み合わせた形態についても説明する。

1. クラウドファンディングとは

(1) 概　要

　概念としてのクラウドファンディングの歴史は非常に長く，直接的なルーツ

*きとう　たけし
東京大学大学院工学系研究科建築学専攻修士課程修了。Boston Consulting Group を経て，2010 年 6 月，メリルリンチ日本証券株式会社入社。投資銀行部門にて不動産業を中心とした事業会社および J-REIT の IPO・公募増資の主幹事業務，不動産の開発証券化に関するアドバイザリー業務など多数の案件を執行。2014 年 12 月，株式会社クラウドリアルティを設立し代表取締役に就任。内閣府の革新的事業活動評価委員会の委員ならびに一般社団法人 Fintech 協会の理事も務める。

は 18 世紀に遡るともいわれているが，特定のプロジェクトを行うために複数の主体から財産的価値を集めるという行為自体は，近代的な貨幣経済が成立する前から存在していたと考えられる。

そして，この行為が「クラウドファンディング」という名称で世界的に広く認知されるようになるのは，2008 ～ 2009 年にかけて Indiegogo や Kickstarter といったインターネットを活用した形のプラットフォームが登場してからとなる。

その後，米国では 2012 年 4 月にオバマ大統領の署名により JOBS Act（Jumpstart Our Business Startups Act）が成立し，金融取引としてのクラウドファンディングが本格的に始まることとなる。日本でも 2011 年頃より非金融系のクラウドファンディングを中心に認知が広まり始め，米国 JOBS Act 成立から約 3 年後の 2015 年 5 月，金融商品取引法の改正の中で金融取引としてのクラウドファンディングに係る制度や事業環境の整備を狙って電子募集取扱業務という枠組みなどが定められた。

(2)　取引としての特徴

通常の商取引や金融取引などと同様，クラウドファンディングの取引も主に契約／支払い・決済／履行といったプロセスで執行される。

クラウドファンディング，特に「All or Nothing」形式を採るものの，契約としての一般的な特徴は，調達目標に申込総額が到達することを停止条件とする契約，つまり調達目標達成によってはじめて効力が発生するという契約に基づく取引であることが挙げられる。そして，この契約成立から効力発生までの猶予期間を活かし，不特定多数の者からの資金調達を並行して効率的に行うことが可能となっている。

一方で，この契約は成立から支払い（Payment）・決済（Settlement）まで一定の時間を要することにもなるので，その間のセトルメントリスクへの手当てが必要となる点には留意が必要である。

また，契約の履行に一定の期間を要するものや，ゴーイングコンサーンの前

提に立つプロジェクトも特に金融系のクラウドファンディングにおいて多数存在するが，このようなプロジェクトでは調達者と出資者，さらにはそのプロジェクトから生み出される商品やサービスの利用者といった多くのステークホルダーから成る経済圏を形成し維持していく必要があるため，その経済圏における合意形成手法や各ステークホルダーへのインセンティブなどを綿密に設計し，そこで生み出される価値を最大化し，ステークホルダー間の価値移転をスムーズに行うことができるようにすることが重要となる。

2. クラウドファンディングの類型

前述の通り，クラウドファンディングという行為の概念が示すものは非常に広範なため，一言でクラウドファンディングといっても様々な形態が存在する。そこで本節では，取引参加者の関係性や対価の性質など，いくつかの観点で細かく分類を行い，それぞれについて特徴を紹介する。

また，本章では割愛するが，資金調達後の契約履行・事業運営局面においてどのような経済圏をデザインするかによっても多様な形態が存在する。

(1) 取引参加者の関係性による分類

クラウドファンディングを分類するにあたって一番大きく特徴が分かれるのは，取引に関わる参加者の関係性である。これによって，事業としての扱い方も大きく異なるため，まず初めに紹介する。

クラウドファンディングのプロジェクトの参加者は，主にクラウドファンディングに係るサービスの提供者（以下，サービス提供者）／調達者／出資者の三者から構成され，その組合わせによって B2C 型／中央集権型 P2P ／分散型 P2P という関係性に分類される。

❶ B2C（Business to Consumer）型

　サービス提供者と調達者が同一で，直接・間接を問わずサービス提供者がクラウドファンディングとは別で行う事業に必要な資金の調達を当事者として行うケースを指す。

　このモデルでは，サービス提供者を中心とした単一の経済圏を形成することになるが，サービス提供者と出資者の利害が対立する関係にあるため，この利害対立をいかに調整・解消するかが重要となる。

　この B2C 型のモデルでは，参加者それぞれの役割は固定的で，調達者であるサービス提供者と出資者の組合わせはエコシステム内の出資者数に連動して線形的に増加する。

　したがって，このモデルは取引量も線形的に増加する傾向にあるためスモールビジネスに向いており，サービス提供者が参加者の関係性をコントロールしやすいというメリットがある一方で，事業としてのスケールを達成しにくいという点や，サービス提供者がシステムの単一障害点となるといったデメリットも存在する。

❷ P2P（Peer to Peer）型

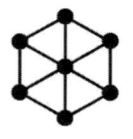

　サービス提供者であるプラットフォーマーが，調達者と出資者間の取引を第三者として媒介するケースを指す。

　このモデルでは，調達者と出資者の組合わせによって多種多様な経済圏が形成されると同時に，プラットフォーマーによって全体を包含する大きな経済圏

も形成されるため，複層的なエコシステムとなる。そして，個々の経済圏における調達者と出資者間の利害対立を，プラットフォーマーが第三者としていかに中立的に調整・解消するかが重要となる。

この P2P 型のエコシステムの参加者は，その時々で調達者にも出資者にもなれることが特徴で，調達者と出資者の組合わせはエコシステム全体の参加者数に連動して非線形的に増加する。したがって，このモデルは参加者の増加に伴いエコシステム内の取引量が飛躍的に増加するため，プラットフォーマーにとっては事業としてのスケールは達成しやすいというメリットがある一方で，膨大な取引をコントロールし，エコシステム内の秩序を維持するためのシステムや体制構築に多額の初期投資が必要となってくるというデメリットも存在する。

さらに，この P2P 型においてサービス提供を行うプラットフォームは，特定の管理者が存在する中央集権型と，特定の管理者が不在の分散型に細分化される。

① 中央集権型 P2P

特定の法人等がプラットフォームの管理者として参加者や取引を管理・監督するモデルである。複数の法人等からなるコンソーシアムが管理者となる場合も含まれる。このモデルにおいても，プラットフォーマー自体がシステムの単一障害点となるリスクは存在している。

② 分散型 P2P

特定の管理者が不在で，一定のアルゴリズムによって自動化されたシステムや参加者自身による管理・監督によって制御するモデルである。このモデルでは単一障害点を排除することが可能で，システムはオープンソースとして開発されエコシステム全体で共有されることが多い。

クラウドファンディングのプロジェクトには，これまで既存の伝統的な金融システムから適切な条件で十分な資金を調達できなかった個人や企業の資金調達に係る課題解決，つまりファイナンシャル・インクルージョンの実現を目的としたコンセプトを持つものも多く，そういったプロジェク

トでは，伝統的な金融機関や金融監督当局といった特定の管理者を排除するために分散型 P2P のモデルを採用するケースもよく見られる。

さらに，中央集権性の排除をもう一段進めるために，資金の調達者自身も特定の法人格を持たない形態のクラウドファンディングも行われている。

この P2P 型の取引モデルはクラウドファンディングのみならず，スペースシェアやライドシェア，クラウドソーシングといった取引を扱う所謂シェアリングエコノミーのプラットフォームや，分散型アプリケーションにおいても共通して見られるモデルであり，各国でローカライズする上での一定の参入障壁はあるものの，エコシステムの参加者の拡大を巡って世界規模で競争が激化し，寡占化が進行している。

⑵　対価の性質による分類

続いて，出資の対価として提供されるものの性質に基づいて説明する。

特に金融系のクラウドファンディングは様々なスキーム・ストラクチャーに基づいて実施されるため，最終的なリスク・リターン特性に着目してそれが負債性なのか資本性なのかを確認する必要がある。

また，一つのプロジェクトの中で単一の対価を提供する場合もあれば，複数の対価を組み合わせて提供する場合などもある。

❶ Donation Crowdfunding（寄付型クラウドファンディング）

出資者に財産的価値のある対価を提供しないもので，財産的価値に代えて，寄付者としての氏名の掲示や感謝状などの非財産的価値が提供される。

資金使途は，調達者が行う非営利活動の初期資金や運転資金であることが多い。

❷ Reward Crowdfunding（購入型クラウドファンディング）

出資者に対価として物品・役務などの金融商品以外の財産的価値を提供するもので，利用権などの形態で継続的に対価や派生する果実を与えるものもある。

資金使途は，調達者が行う商品やソフトウェア，サービス提供に必要な施設・設備の開発資金などであることが多い。

　通常の電子商取引と大きく異なるのは，前述の通り資金調達の目標達成が停止条件となっていることであり，これによって調達者は商品やサービスの開発・準備期間の資金ショートリスクを大きく下げられるというメリットがある。

❸ Debt Crowdfunding（融資型クラウドファンディング）

　出資者に対価として負債性金融商品を提供するモデル。

　資金使途は，調達者である企業やプロジェクトの負債性資金で，その資金は融資として提供される場合が大半だが，債券の取得対価として，またはその他のスキームを用いた負債性のリスク・リターン特性を持つ金融商品として提供されることもある。

　海外では P2P Lending という個人・企業間で直接行われる融資を媒介する形態のプラットフォームが存在するが，その形態もこの Debt Crowdfunding に含まれる。

❹ Equity Crowdfunding（投資型クラウドファンディング）

　出資者に対価として資本性金融商品を提供するモデル。

　資金使途は，調達者である企業やプロジェクトの資本性資金で，その資金は出資として提供される場合が大半だが，その他のスキームを用いた資本性のリスク・リターン特性を持つ金融商品として提供されることもある。

(3)　**支払い・決済手段による分類**

　支払い・決済手段として用いられる決済通貨または財産的価値による分類についても説明する。

❶**法定通貨および法定通貨にペッグされた財産的価値による支払い・決済**

　特定の国家およびその法定通貨に紐づいた経済圏をベースとして資金調達を行うモデル。

　その国の経済圏の中でエコシステムをつくることになるので，国内経済との関連性が強いプロジェクトで用いられる。

　法定通貨による支払い・決済の際は主に銀行やクレジットカードなどの既に広く普及している方法が用いられる。

❷その他の通貨・財産的価値

　暗号通貨や地域通貨，その他のトークンなどの法定通貨以外の手段を用いるモデル。

　特定のプロジェクトや企業，地域コミュニティなど，国家とは異なるエコシステムの中で一定の価値を自律的に生み出し，その参加者間で価値が流通している経済圏と関連付けて資金を調達したいときに用いられる。

　ものによって流動性も異なるため，支払い・決済の際は手段に応じた方法を用いることになるが，たとえば日本で主要な暗号通貨を用いる場合は，ウォレット間で直接送付したり，仮想通貨取引所を用いたりする方法が採られる。

3. クラウドファンディングとテクノロジー

　クラウドファンディングとは行為であり，「クラウドファンディング」という独立したテクノロジーは存在しない点にまず注意が必要である。

　このクラウドファンディングという行為は，その類型によっても異なる多様な機能・プロセスの組合わせによって執行されるため，これらの各機能・プロセスをどのようなテクノロジーを用いて効率化し，それらをどのように統合して一つのシステムにするかが重要である。

　また，金融系のクラウドファンディングを執行する際には，現行の法令や制度上の非効率も存在するため，テクノロジーに加えてスキームや法令におけるイノベーションも必要とされている。

　以下では，クラウドファンディングに用いられる主要なテクノロジーを紹介する。

❶ネットワーク

　クラウドファンディングのシステムのためのネットワークの多くは，インターネットとクラウド化されたサーバー等のITインフラをベースに構築されているが，P2P型のプラットフォームを中心にブロックチェーンを用いて構築

するものも徐々に増加している。

❷プロセス効率化

　特に P2P 型のプラットフォームにおいては，少額の資金調達においてもユニットエコノミクスを成立させ，事業としてのスケーラビリティを確保する必要があるため，極力人の手を介さず効率的にプロセスを回すために RPA を用いた定型業務の自動化や，AI を用いた判断に係る負荷の軽減に取り組むプラットフォームも多く見られる。

❸支払い・決済方法

　クラウドファンディングの取引に内包されているセトルメントリスクの解消のために，ここでも様々な支払い・決済関連のテクノロジーやスキームが活用されている。銀行 API などの既存の金融インフラをベースとしたものや，暗号通貨／トークンなどを利用するケースなどが挙げられる。

　日本においても，キャッシュレス社会の実現に向けて大きく舵が切られ始めているが，支払い・決済方法におけるイノベーションが進展すれば，さらにスムーズに取引を執行できるようになるはずである。

4. 不動産クラウドファンディングについて

⑴　概　要

　ここまでは，クラウドファンディング全般に関する説明を行ってきたが，ここからはクラウドファンディングと不動産取引を組み合わせた形態について説明を行う。

　世界各国で様々な形態の不動産クラウドファンディングが実施されているが，日本ではクラウドファンディングと貸金業者として提供する不動産担保ローンを組み合わせた「ソーシャルレンディング」の事業者が特に多く存在する。

このソーシャルレンディングでは，クラウドファンディング事業者が貸金業者として間接金融で資金を提供することになるため，B2C 型の融資型クラウドファンディングに分類される。

(2)　不動産クラウドファンディングの類型

不動産取引自体も多様な形態を持っているが，ここでは取引内容別に主要なものについて説明する。

❶現物不動産に関する取引

クラウドファンディングで調達した資金を用いて不動産開発や設備の整備を行い，その不動産の賃借権やサービス利用権を対価として投資家に提供するものが多く見られる。

Donation/Reward Crowdfunding の形態での資金調達が主流で，対価の証票としてブロックチェーン上でトークンを発行するものもある。

❷不動産担保ローンに関する取引

調達者が，クラウドファンディングで調達した資金を用いて間接金融取引として不動産関連事業者に不動産担保ローンの貸付を行うモデルである。

Debt Crowdfunding の形態で資金調達がなされ，出資者にはこの貸付からの金利収入を原資としてリターンの支払いがなされる。

❸証券化商品に関する取引

直接金融取引として B2C 型もしくは P2P 型の Debt/Equity Crowdfunding の形態で資金調達がなされ，出資者には対価として証券化によって発行された有価証券を提供する。

また，不動産関連資産を裏付資産とする証券化スキームは複数存在するため，以下でさらに細分化して説明する。

①　不動産証券化商品

　・REIT スキーム

　　　投信法（投資信託及び投資法人に関する法律）に基づいて設立される投資法人が不動産や不動産信託受益権等の資産を保有し証券化を行うス

キーム。

　当該投資法人への出資を私募で行っているものを私募 REIT，証券取引所に上場し公募で行っているものを上場 REIT（J-REIT）と呼ぶ。

　投資法人は資本性金融商品である投資口だけでなく，負債性金融商品の投資法人債の発行を通じて資金調達を行う。

　また，2014 年 12 月の金商法改正以降は新投資口予約権による資金調達，所謂ライツ・オファリングも可能となっている。

・TMK スキーム

　SPC 法（資産の流動化に関する法律）に基づいて設立される特定目的会社（TMK）または特定目的信託が不動産や不動産信託受益権等の資産を保有し証券化を行うスキーム。

　特定目的会社は資産流動化計画に基づいて，資本性金融商品である優先出資や負債性金融商品の特定社債の発行，特定目的借入れによって資金調達を行う。

・不動産特定共同事業スキーム

　不動産特定共同事業法に基づいて行われるスキームで，事業会社である不動産特定共同事業者が不動産特定共同事業契約に基づいて不動産取引を行う不動産特定共同事業スキームと，SPC である特例事業者が不動産特定共同事業者に不動産取引に係る業務や不動産特定共同事業契約締結の勧誘に係る業務を委託し不動産取引を行う特例事業スキームから構成される。

　また，不動産特定事業も複数の類型が存在するが，証券化として一般的に用いられるのは匿名組合出資を受けて不動産を取得し運用を行うケースである。

・GK-TK スキーム

　会社法に基づいて設立される合同会社（GK）が信託受益権を保有し証券化を行うスキーム。

　合同会社は，商法に基づく匿名組合出資（TK）やノンリコースロー

ンによって資金調達を行う。

② 不動産担保証券

不動産に係る貸付債権等を裏付資産として発行される有価証券で，商業用不動産担保ローンを証券化した Commercial Mortgage Backed Securities や，住宅ローンを証券化した Residential Mortgage Backed Securities などが含まれる。

③ その他資産担保証券

上記の法定スキームや GK-TK スキームいずれにも該当しない不動産証券化スキームを用いたもので，不動産を裏付資産として資本性もしくは負債性のリスク・リターン特性をもつ有価証券を発行し証券化を行う。

5. 日本の市場における足許の課題と今後の展望

(1) 足許の課題

❶業規制を前提とした複雑に入り組んだレギュレーション

前述の通り，不動産の証券化スキームには様々な根拠法が存在し，関与する監督官庁や自主規制団体も統一されていない状況である。したがって，同一のリスクをもつ有価証券であっても，スキームが異なると遵守すべき基準やルールも異なり，出資者からは非常にわかりにくい構造となっている。

また，日本の現行の法令は業規制を中心とした体系となっているが，上記課題だけでなく，分散型アプリケーションのようにそもそも監督の対象となる法人が存在しないケースも出現しており，レギュレーションの刷新も求められている。

❷税　制

現在日本の不動産クラウドファンディングで主流のモデルは集団投資スキーム（匿名組合出資）を用いたものだが，このスキームによる出資者の分配収入

は雑所得として総合課税の対象となるため，出資者の所得金額に応じた累進課税によって最大 45% の所得税税率（10% の住民税を加えると 55%）の課税がなされるという税務上の課題も存在している。

⑵　今後の展望

❶テクノロジーの進展に伴うさらなる高度化

　上記で紹介したブロックチェーンや AI といったテクノロジー領域では，日進月歩で様々なイノベーションが起きているため，こういった変化を取り込みながら，各プラットフォームはさらなる高度化を遂げていくと考えられる。

❷レギュレーションの刷新

　日本においてもリスクベース／アクティビティベースアプローチによる横断的な金融規制体系の策定に向けた検討が既に始まっている他，プロジェクト型のレギュラトリー・サンドボックス制度の運用も遂に開始された。

　このような政府や行政主導の新たな取組みも加速する中で，日本の規制体系もグローバルスタンダードに則った新たな形へとアップデートされていくことが期待される。

〈参考文献〉

https://www.indiegogo.com
https://www.kickstarter.com

第3部

不動産テックのサービス展開

不動産テックによる
不動産マーケティングの転換

株式会社ZUU 取締役 Fintech 推進支援担当
一 村 明 博*

1. はじめに

　筆者が属する株式会社 ZUU が運営する金融経済メディア「ZUU online」は，金融や経済の情報を扱う専門オンラインメディアである。そのオンラインメディアには 5 万種類を超えるコラムが掲載されており，投資，マーケットから不動産，キャリアまで，投資や資産運用を検討するユーザーに向けた情報を発信している。月間来訪者数は 430 万人を数え，日本最大級の金融経済メディアとなっている。

　その「ZUU online」では，投資商品の一つの分野として，不動産関連情報を扱っており，その情報を通じて投資家やユーザーの興味・関心を日々把握している。本章では，それらのデータを分析しつつ不動産テックについて考察してみようと思う。

*いちむら　あきひろ
成蹊大学法学部卒業。1993 年，大和証券株式会社に入社。富裕層や中小企業オーナーを主な顧客とする個人営業に従事。その後，2001 年に松井証券株式会社に入社。2004 年に同社営業推進部長，2006 年には同社取締役に就任。高度かつ専門的な知識が必要とされる金融業界において，20 年以上にわたり 500 人以上の部下を育てた人材育成のプロフェッショナル。

2. 不動産業界に IT の波　「不動産テック」が注目されはじめた理由

　金融（Finance）と技術（Technology）を組み合わせた造語である「FinTech（フィンテック）」。米国では 2000 年代前半には使われ始めていた。日本では，2015 年頃より，保険業界における「InsTech（Insurance×Technology）」など，いわゆる「X-Tech（エックステック）」を目にする機会が増えてきた。「X-Tech」とは，IT を活用することで，既存の業界に今までにはない価値や仕組みを提供する企業（動向）を指し，不動産業界にも IT 化の波が例外なく押し寄せつつある中，「不動産テック（Real Estate×Tech）」という言葉が注目されてきている。今まさに，不動産と情報技術の融合が始まろうとしているのである。

　まずは，不動産業界の現状を簡単に見た上で，不動産テックが注目され始めた経緯，今後の動向について見ていくことにする。

⑴　不動産業界の現状

　不動産業界は，かねてより世界でも透明性が低いと言われており，その要因の一つが「デジタル化の遅れ」にあるのはよく知られるところである。過去においても，欧州における 15 の産業のデジタル化の度合い（**図1**）を示した『Strategy & "The 2012 industry digitization index" March 2013』では，最もデジタル化が進んでいる金融・保険業界の指数が 53.5 なのに対して，不動産業界の指数は 38.6 と，極めて低いものとなっていた。ちなみに，全産業平均の指数は 43.9 のため，不動産業界のデジタル化の遅れは顕著に見てとれる。

　日本の不動産業界でも，たとえば，投資家が不動産投資を検討し始めても，不動産市場データの不足や複雑な業界慣習に直面する場面も少なくなく，結果，投資を諦めるという場面はよく聞く話である。「X-Tech」で括られるようになった不動産業界ではあるが，金融や保険業界との間にはまだまだ大きな格差があるといえそうだ。

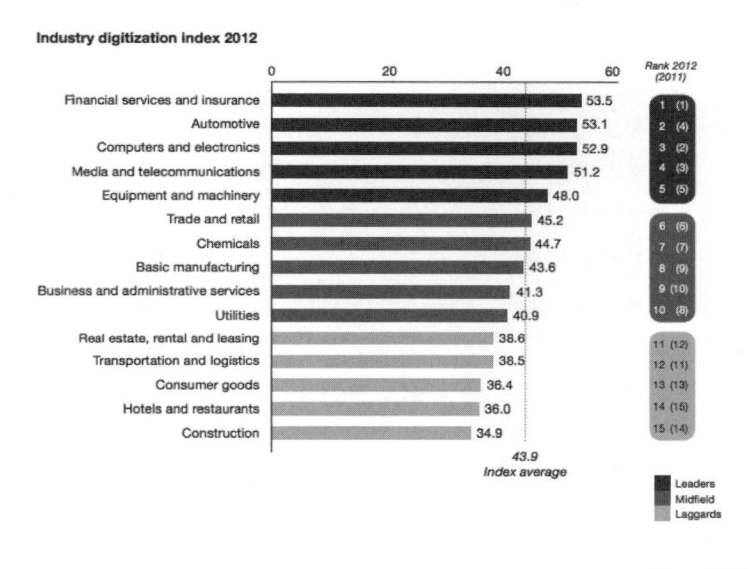

Industry digitization index 2012

	Rank 2012 (2011)
Financial services and insurance — 53.5	1 (1)
Automotive — 53.1	2 (4)
Computers and electronics — 52.9	3 (2)
Media and telecommunications — 51.2	4 (3)
Equipment and machinery — 48.0	5 (5)
Trade and retail — 45.2	6 (6)
Chemicals — 44.7	7 (7)
Basic manufacturing — 43.6	8 (9)
Business and administrative services — 41.3	9 (10)
Utilities — 40.9	10 (8)
Real estate, rental and leasing — 38.6	11 (12)
Transportation and logistics — 38.5	12 (11)
Consumer goods — 36.4	13 (13)
Hotels and restaurants — 36.0	14 (15)
Construction — 34.9	15 (14)

43.9
Index average

Leaders
Midfield
Laggards

Source: 2012 Industry Digitization Study

図1　欧州における 15 の産業のデジタル化の度合い

（出所）　https://www.strategyand.pwc.com/media/file/The-2012-industry-digitization-index.pdf。

(2)　不動産テックへの注目が高まった経緯

　フランスのカンヌでは，毎年 3 月に MIPIM（ミピム）という世界最大の国際不動産見本市が開催されており，2015 年 3 月に開催された MIPIM では，「Digital Revolution」がテーマとして取り上げられ，話題を呼んだことは記憶に新しい。金融業界における「FinTech」に続いて，不動産業界での「不動産テック」への注目度が急速に高まりつつあることが明らかにされたわけである。

(3)　不動産テックは一時的な現象ではないのか

　「不動産テック」を一過性の流行と捉えるのか，それとも新しい時代に向かう大きなトレンドと捉えるのかについてはいろいろと意見が分かれるところで

はあるが，いずれにしても，国（行政），不動産業界，生活者それぞれの環境を見る必要がある。

　国から見た場合の新しい動きとしては，国土交通省による中古住宅流通促進の取組みや，東京都大田区の民泊条例のような国家戦略特区による規制緩和，不動産のネット取引解禁についての議論の盛り上がり，政府や自治体によるオープンデータの推進などが挙げられる。

　また，不動産業界全体の傾向として，これはいわゆる「経営戦略」ということになるが，個別の顧客からの一時的な売上を重視する経営方針から，同一顧客の連続的，継続的な売上・購買を意識した，LTV（Life Time Value）を重視するマーケティングへの転換が求められるようになっている。

　そのほかの動きとして，不動産業界の人手不足によるコスト削減のプレッシャーの高まり，それに伴う IT を活用した業務効率化推進，マンションの杭問題への反省からコンプライアンス体制の見直し，ボーダーレス化に伴う海外の不動産テック企業の日本進出などが見られる。

　生活者を取り巻く環境変化としては，単身世帯の増加，賃貸・中古物件志向のトレンド増大，その結果としての新築物件志向の減少，インターネットサービス利用への心理的ハードルの低下，情報が氾濫する中でキュレーションサイトなどを代表とした情報を整理するサービスへの要求，ルームシェアやレンタルに対する意識変化といった動きが見て取れる。

　さらに，技術環境という別の視点から考察すると，スマートフォンやタブレット，ウェアラブル端末，IoT センサーなどの普及，位置データやライフログなどのビッグデータの収集・活用，データのクラウド化，API 化，機械学習を中心とする AI の進展・発展などの変化も見逃せないトレンドであることは間違いない。

⑷　すべての不動産業界関係者が不動産テックの検討を迫られる

　もちろん，欧米などの海外と日本では，不動産市場の特徴や商慣習，国民性が異なっているため，まったく同じような盛り上がりを見せるわけではない点

には留意すべきではあるだろう。しかし，これまで指摘したような業界や参加者を取り巻く環境の変化は，不動産テックが決して一時的なブームで終わるようなものではないことを示しているといえる。

　現在のところ，日本国内で不動産テックを牽引しているのは，不動産業界以外のプレイヤーが主体となっているようだ。しかし，不動産テックが，自社の業務効率化や意思決定の高度化に大きく貢献するものであることは明白であり，不動産業界に関わるすべてのプレイヤーは，不動産テックを扱うベンチャー企業との提携も含め，今後はより積極的な取組みを検討しなければならないであろう。

3. なぜ，「不動産テック」の動きが顕在化してきたのか？

　金融業界は一足先に「FinTech」と称される，金融と IT を融合させた新たな商品・サービスを生み出し，その勢いは衰えるどころか，日に日に加速している。

　不動産業界に関してはどうだろうか。不動産市場に関するデータの不足や，一般生活者には難解な業界慣習の存在など，不動産の購入や投資をする上での情報の透明度などは決して高いとはいえない状況にあり，また，金融業界と比較すると，デジタル化も進んでおらず，スムーズな取引の足かせとなっている。

　こうしたなか，不動産業界にもデジタル化を取り入れるべく，テクノロジー企業が存在感を示しはじめてきている。IT 技術を駆使し，従来の不動産ビジネスモデルに大きな変革をもたらそうとするその動きこそが「不動産テック」そのものである。

　日本の不動産業界は残念ながら，不動産業界と生活者との間にある情報格差によってビジネスが成立している，というのは関係者が指摘する業界全体の課題である。米国では，地域の不動産情報を共有するための不動産業者間の会員組織である MLS（Multiple Listing Service）が，物件情報だけでなく，不動産

ビジネスの業務支援や顧客管理サービスまで，各種サービスを提供している。さらに，不動産の売買履歴やその価格，そして固定資産税評価額などの不動産の公的な履歴情報がデータベース化されており，網羅性が高く，正確な情報を入手することができるなど，情報基盤が整備されているのが特徴だ。

　他方，日本では，不動産流通機構が運営している不動産情報交換のためのコンピュータ・ネットワーク・オンラインシステム「REINS」が存在するが，この登録データには不足している情報が多く見られ，また，不動産市場における，取引履歴情報の公的かつ包括的なデータベースも存在していない。したがって，国内における不動産価格の見える化や査定を行うサービスは，サービスを提供している企業が独自で集めた物件取引情報や国土交通省が行うアンケート調査をもとに公表する土地総合情報システムのデータなどを用いて，あくまで"推計"として提供している事例が大半である。

　このような背景から従来，「不動産の取引は，『勘・経験・度胸』のKKDで決まる」とささやかれてきたのであるが，海外の事例を参考に，彼我の差を埋めようと具体的な不動産テックサービスが台頭してきており，これら不動産テックの躍進により不動産業界にも大きな変化が起ころうとしている。

　そして，もう一つ，不動産テック躍進の背景を語る際に欠かせないのがインターネットの普及である。かつては，店先に間取りと家賃のチラシが何枚も貼られた街の不動産会社の店舗でのみ，生活者は物件情報に触れることができたが，いまではインターネットでの物件検索が容易になっている。需要の伸びがにわかには期待できない人口減少社会において，不動産業界から見た場合，いかにして顧客1人当たりの売上高を増加させるか，常連客やリピーターになってもらうかが喫緊の課題となっている。その課題解決の一手として期待されているのが不動産テックというわけである。インターネットやIT技術を駆使して顧客情報を入手，蓄積し，住み替えやリフォーム，新たな物件への引っ越しなど，データを活用した，いわゆるマーケティングの高度化が不動産企業に求められているのだ。これらのことが，不動産テックの動きが顕在化してきた大きな理由といえる。

4. 社会問題の解決にも挑戦する不動産テック

IT が業務効率化を促進することは，何も不動産業界に限ったことではなく，以前からどの業界にも共通することではあったが，「不動産テック」はさらに，業務効率化だけでなく，社会問題の解決にもつながる事例を紹介する。

(1) 人手不足で増幅されてしまう不動産業界の悪循環

これまで，不動産企業の現場で働く人に何人もお会いして，話を伺ってきた。その内容から浮かび上がるのは，不動産業界も決して例外ではない「人手不足」と「長時間労働」など，労働環境についての課題である。

「退社時間が毎日夜の 9 時や 10 時など，どうしても遅くなってしまう。」

「夜遅くまで仕事をして，宅地建物取引士の資格を取るための勉強もしていたら，育児はなかなか難しい。」

たとえば営業員の場合，彼らが顧客と接触できるのは，当然ながら顧客が仕事をしていない時間に限られるため，営業員が最も稼働するのも当然に，週末だとか夜になるのは仕方がないことなのかもしれない。

不動産業界に限らず，営業員にとって最も大切なことであり，かつ骨の折れる大変なことでもあるのが，見込み顧客を見つけることである。不動産業界を例にすると，週末に開催される内覧会の勧誘やモデルルーム見学の案内など，平日の夕方から夜にかけて見込み顧客に電話をかけ，そうやって接触の機会を増やすことが契約への第一歩であり，かつ，その数を増やさないと，目指している売上目標は達成できないだろう。

しかし，そうした努力が裏目に出ていることを示す調査を 2013 年に東急不動産が発表したことをご存知だろうか。都市部に暮らす 30 ～ 40 代の男女 300 人を対象に「住宅購入に関する意識調査」（図 2）を行ったところ，住宅購入を検討する際の不安のうち最も大きいのは「強い売り込み営業」という回答が 1 位だったのだ。さらに，住宅を探すに当たってモデルルームに行って見たい

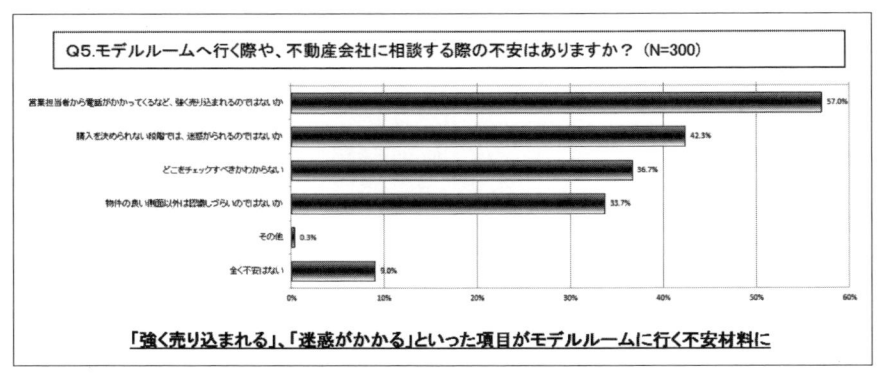

図2　「住宅購入に関する意識調査」
（出所）　https://www.tokyu-land.co.jp/news/2013/pdf/20130610_02.pdf。

という人は9割以上にも上るのだが，そのうち6割近くの人が見学に行くと，
「営業担当者から電話がかかってくるなど，強く売り込まれるのではないか」
という不安とも取れる回答をしているのだ。

(2)　「エンゲージメント・マーケティング」が働き方を変える

　このような状況を解決することができると期待されているのが，IT を使っ
た広告手法である「エンゲージメント・マーケティング」。それは簡単にいうと，
企業やサービスが顧客や生活者とより深い関わりを持ち，顧客や生活者が単な
るサービスの利用者や購入者から，そのサービス，あるいは企業の存在を「自
分のもの」として捉え，そのサービスをよりよくするために企業と顧客の「共
同制作活動」を推進していくマーケティング手法と説明できる。

　具体的には，企業やサービスと顧客や生活者の深い関係性のことを指し，顧
客や生活者が各種のメディアを通じて接するコンテンツや広告により，特定の
企業やサービスに対して強い好感や愛着を感じ，顧客や生活者の能動的な行動
や参加を伴うなど，互いが強い絆で結びついている関係性のことである。そし
て，その何よりの特長が，インターネット上の見込み顧客を実際の顧客に変え
ることができること，といわれている。

　これを不動産業界に当てはめれば，たとえばこういう使い方になるであろう。分譲マンションについて紹介している自社のコーポレートサイト（ホームページ）上で，そのマンションの説明・案内を何度も閲覧している見込み顧客がいるとして，その見込み顧客に向けてそのマンションのモデルルーム見学会の案内や，近隣の類似物件の情報を電子メールで送るとする。その見込み顧客は，そのメールをもとに情報入手・分析をさらに進めていきながら，最適なタイミングで情報提供をしてくれるその不動産会社に信頼感を寄せることになり，最後には見込み顧客から望んで顧客へと転嫁してくれる，というわけである。

　近年，そうした不動産テックを活用したマーケティング手法を導入した企業の中には，成約率が10％以上も向上し，数十億円の売上貢献を生んだ例もあるとのこと。見込み顧客や生活者との間に心理的負担をかけずに強い関係性を構築し，確実に成果をつなげる。こうしたITの活用がやがては不動産業界の人手不足を解消し，かつ，働き方改革にもつながっていくはずである。

⑶　不動産テックは「空き家問題」をどう解決するか？

　日本経済新聞電子版（2018年1月31日付）に『「不動産テック」育成　国交省，空き家減へ補助金』という記事が掲載されていた。記事によると，2013年時点で全国には約820万戸が存在し，年を追うごとに深刻化の一途をたどる『空き家問題』の解決のため，国土交通省が2018年度から「不動産テック」育成に乗り出すとのこと。具体的には，物件の内覧をしやすくし，物件価格を分析する技術の開発などを対象に，新しく補助金を支給するというものだ。

　補助金の額は1社あたり最大100万円。ベンチャー企業の新技術で売買を活性化し，空き家を減らしたり，中古物件が空き家になるのを防いだりすることが狙いのようで，100万円の補助金がどれだけ効果を持つのかはさておき，国として不動産テックを前進させようという取組み自体は評価できる。

⑷　国が投資するメイン分野は「VR・AR」と「価格可視化・査定」

　「一般社団法人不動産テック協会」が作成する不動産業界のカオスマップ最

新版に掲載されたサービス分野は，VR・AR, IoT, シェアリング，リフォーム・リノベーション，不動産情報，ローン・保証，マッチング，仲介支援業務，クラウドファンディング，管理支援業務，価格可視化・査定，物件情報・メディアなど，12 にも及び，企業数は 173 にも上る。国はこのうち，VR・AR と価格可視化・査定の分野に力を入れていくようである。

　空き家は，地方など郊外にあることが多く，東京などの大都市圏に住んでいる人にとって，実際に現地に行って物件の状況を把握することは困難なケースが多い。VR・AR の技術は，大都市圏にいながらにして，地方の空き家の現況をインターネットで把握できるというもの。物件を内覧する人が増えれば，当然に買い手がつきやすくなるはずだというのが，国交省が着目する根拠であろう。

　そして，空き家は一般的に価格査定が難しいとされている。空き家としての放置期間が長いと，リフォームなりリノベーションなりをしないと実用には耐えられず，リフォームを施してもどの程度，物件価格などの価値が上昇するかはケースバイケースであることが多いのが，その理由。この課題を，ビッグデータや人工知能（AI）を活用して解決することが期待されており，インターネット上で物件の場所や価格の条件を入力すれば，自動的に空き家が検索できるようなサービスがすでに登場してきている。

　いずれも，すでに都市部では展開されてきた不動産テックの活用事例ではあるが，今後，地方や郊外という地域でも不動産テックの活用が進むに従い，企業の地方移転や人材のＵターン，Ｉターンが促進されることも含め，国は空き家対策への不動産テックの活用が期待できると考えているのかも知れない。

5. 不動産投資のあり方を変える「クラウドファンディング」の可能性

金融業界では，不動産テックに先行すること 10 年, FinTech が台頭しており，

2017 年 9 月 7 日
株式会社 矢野経済研究所

プレスリリース

国内クラウドファンディング市場の調査を実施（2017 年）
-国内クラウドファンディングは貸付型が大きく寄与し、市場規模は拡大基調-

【調査要綱】

矢野経済研究所では、次の調査要綱にて国内におけるクラウドファンディング市場の調査を実施した。

1. 調査期間：2017 年 4 月～6 月
2. 調査対象：クラウドファンディング運営企業、利用企業等
3. 調査方法：当社専門研究員による直接面談、ならびに電話・e-mail 等によるヒアリングを併用

＜クラウドファンディングとは＞

本調査におけるクラウドファンディングとは、資金を必要とするプロジェクト等がインターネットを介して不特定多数の人々から比較的少額な資金を調達する手段で、「購入型」、「寄付型」、「投資型（ファンド型）」、「貸付型（ソーシャルレンディング）」、「株式（投資）型」を対象とする。また年間の新規プロジェクト支援額を市場規模として算出した。

【調査結果サマリー】

◆ **2016 年度の国内クラウドファンディングの市場規模（新規プロジェクト支援額ベース）は前年度比 96.6%増の 745 億 5,100 万円と拡大**

2016 年度の国内クラウドファンディングの市場規模は新規プロジェクト支援額ベースで、前年度比 96.6%増の 745 億 5,100 万円と拡大した。

貸付型では好利回りの案件に加え、大型案件の起案数が増加しリピートが高まった。購入型では、2015 年度に引き続き社会貢献性が高いプロジェクトが多数起案され、1 億円を越える大型プロジェクトも成立した。国民的人気グループの解散にちなんだ応援メッセージなど共感性の高いプロジェクトも起案され、新たな支援者の拡大も進んだことが背景にある。

図3 株式会社矢野経済研究所のプレスリリースより

（出所）　https://www.yano.co.jp/press-release/show/press_id/1730。

FinTech により投資はますます生活者にとって身近なものになっている。たとえば，インターネット上で年齢や資産状況など，簡単な質問に答えるだけで最適な運用プランを作成してくれるサービス，いわゆるロボ・アドバイザーなどは一般的になっており，20 代，30 代の若者にはすでに定着しつつあるようだ。

不動産投資分野への「不動産テック」の進出は，まだ始まったばかりといえそうだが，AI などを搭載した「不動産テック」を活用することで手堅い投資に変えることさえできれば，いずれは株式投資と同じような投資人口の拡大や投資金額の増大につながる可能性を十二分に秘めていると考える。

インターネットを介して不特定多数の投資家から小口の資金を集める手法のことを「クラウドファンディング」と呼ぶ。「crowd（群衆）」と「funding（資

金調達）」を組み合わせたこのクラウドファンディングは，矢野経済研究所によると，2017 年度の国内市場規模は前年度比 96.6％増の 745 億 5,100 万円となっている（図 3）。

　最近では，専門仲介会社が設立されるなど，社会に徐々に広がっており，ヒット商品もたくさん生まれている。たとえば，2016 年の「キネマ旬報ベストテン」の日本映画 1 位にも選ばれた「この世界の片隅に」というアニメ映画を知っている方も多いだろう。この映画は，先の大戦中に広島で過ごす少女の人生を描いたもので，インターネット広告代理店サイバーエージェントの子会社が運営するクラウドファンディングサービス「マクアケ」を通じて，約 3,400 人から 4,000 万円の資金を集めて作られたのだ。

(1)　少ない負担で利益が得られるようになった

　2 〜 3 年ほど前から，このようなクラウドファンディングの手法を使って，不動産投資も行われるようになってきている。クラウドファンディングはインターネットを介して行われることを考えると，これも新たな「不動産テック」の形態と呼べるのではないだろうか。

　たとえば，「1 万円からの不動産投資」をキャッチフレーズに，日本で初めての不動産特化型クラウドファンディングを展開している「OwnersBook」は，個人投資家から集めた資金を担保評価の高い不動産物件に投資して配当する仕組みのようだ。

　投資家にとってのメリットは，これまでの不動産投資とは異なり，物件管理や修繕などの手間のほか，入居者の家賃滞納や入居者とのトラブルなどの対応は一切不要にもかかわらず，投資の満期までは不動産オーナーと同様の地位が付与されることなどが挙げられる。

　投資に対する予想利回りは 4.0 〜 12.0％と謳われており，定期預金や個人向け国債と比べて非常に高い利回りを提示できているようだ。ただし，運用自体は完全にサービス提供会社に「おまかせ」なため，自身の運用力に自信や経験がある中級者以上の投資家にとっては面白みに欠けるともいえる。

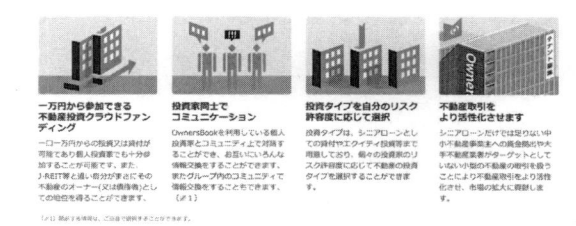

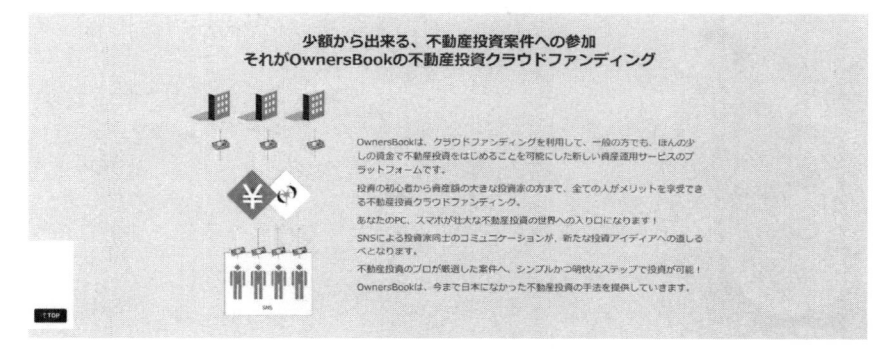

図4　ロードスターキャピタル株式会社コーポレートサイトより

　不動産投資の場合は，最低でも数百万円程度の自己資金が必要となることを考えれば，1万円から参加できるこれらのサービスは，投資初心者にとってはハードルが大きく下がることになりそうだ。

(2)　「ミレニアル世代」の受け皿に

　「不動産テック」の一つの形態であるクラウドファンディングは，金融機関からの融資など，ローンありきで成り立っていたこれまでの不動産投資のあり方を大きく変えるといえるかもしれない。

　それは，今後の人口減少時代には，不動産分野における投資人口の拡大は課題となるであろうし，働き方や生活スタイルがこれまでとは大きく異なる「ミレニアル世代」と呼ばれる人たちが社会の主人公となっていく中では，旧来型の審査体制など，厳しいローン審査の壁に阻まれることなく，少額から参入できるクラウドファンディングによる不動産市場への投資参加は実は非常に重要な動きと捉えている。

6.　まとめ

　不動産テックが活躍する分野は現状，大きく3つに分類できるだろう。

　1つ目は，不動産テックを活用することで，街や土地の利用そのものに変革をもたらすサービスや取組みである。シェアリングエコノミーなどが該当する分野だ。

　2つ目は，IoTなどを組み合わせ，不動産のインテリジェント化やスマート化を図る動きだ。スマートキーなどは一般的になりつつある。

　そして3つ目が，不動産取引や不動産市場にITを導入する動きである。

　本章では主に3つ目の切り口から不動産テックについて考察してみたが，この分野だけでもこれだけの広がりを見せている。「不動産テック」が秘める可能性を感じていただけただろうか。

AI 価値分析による
不動産取引拡大の可能性

リーウェイズ株式会社 代表取締役 CEO
巻 口 成 憲[*]

1. 不動産の透明性の問題

　日本の不動産市場の透明性が低いことは長らく指摘されてきたが，JLL による 2018 年版グローバル不動産透明度インデックスでは 100 か国中 14 位と，2 年前の 27 位から大きくランキングが上昇し，一定の透明性が担保されつつあるように見える。

　ただし，同レポートでは，「日本は不動産テックの普及が遅れており，そのほかにも共益費の内訳明細が開示されないなどの商慣習，伝統的な不動産セクターに加えて，新市場であるオルタナティブセクターに関する情報開示やアク

---

*まきぐち　しげのり
立教大学大学院修了。早稲田大学大学院修了。国内不動産デベロッパーから国際会計事務所系の KPMG コンサルティング（現プライスウォーターハウスクーパース）に転職し，組織戦略コンサルタントとして国内外の多数のコンサルティングプロジェクトに参画。国内監査法人系トーマツコンサルティング（現デロイトトーマツコンサルティング）を経て，2005 年，中古不動産事業を手がける REISM 株式会社設立に取締役 CFO として参画。2014 年，さらなる業界改革を目指し，不動産情報化事業を手掛けるリーウェイズ株式会社を設立し，代表取締役 CEO に就任。2017 年，人工知能による不動産資産価値分析プラットフォーム「Gate.」をリリースし，金融機関や不動産事業者に同サービスを提供している。

表1　米国検索サイト

	Zillow	Elistit	Trulia	Redfin	Market Leader	Estately	ZipRealty
設　立	2005年	2005年	2005年	2002年	2005年	2006年	1999年
MLSへのアクセス	無	無	無	有	有	有	有
利用者数（月）	34.2M	8.2M	6.1M	1.8M	0.9M	126K	1.6M
自社エージェント	無	無	無	有	有	有	有
地図検索	有	有	有	有	有	有	有
フォーラム ユーザー生成コンテンツ	有	有	有	有	無	無	無
ストリートビュー	有	有	有	有	有	有	有
地理情報	有	有	有	有	有	無	有
教育情報 不動産知識	有	無	有	有	有	無	有
ビジネスモデル	広　告	広　告	広　告	割引仲介	仲介エージェント発見サービス	仲介エージェント発見サービス	割引仲介

（出所）　Wikipedia。

セスに課題があることなど，抜本的に見直すべき点はまだ残されている。今後日本が透明度をさらに向上させるには，こうした課題の改善が不可欠」と指摘している。

　プロ間取引や不動産証券化市場以外の一般的な不動産取引においては，不動産事業者と一般ユーザー間の情報の格差は依然として存在しており，JREIT以外の不動産取引ではキャップレートが開示されることがないなど，欧米に見られるような情報の開示が十分であるとはいえない状況にある。

　たとえば透明性ランキング3位の米国では，2005年頃から多くの不動産テックプレイヤーが登場し，一般ユーザーに対して様々な情報を一般に開示する環境が出来上がっている。米国の検索サイトではZillowやRedfinが有名だが，他にも多くの検索サイトがあり，それぞれ便利なサービスを提供している（**表1**）。

　こうしたサービスを支えているのが全米各地域の不動産団体が運営する不動産情報共有データベースであるMLS（Multiple Listing Service）の存在である。「米国不動産流通システムの概要と我が国の不動産流通市場への示唆」（小林，

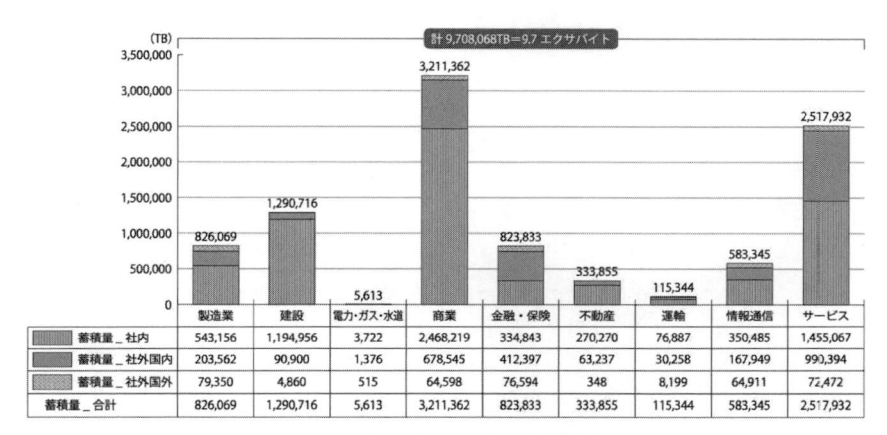

図1　産業別ビックデータ蓄積量

（出所）　総務省「情報流通・蓄積量の計測手法の検討に係る調査研究」（平成 25 年）。

2016）によれば，全米には約 900 の MLS が存在しており，MLS は不動産エージェントへの物件情報搭載ルールの徹底や各種履歴情報サービスとの連携で透明性の高い充実した情報提供を実施している。MLS は全米のあらゆる不動産物件の履歴情報サービスと連動しており，過去の売買履歴や周辺の地域情報，地盤情報，市場分析レポートなどを入手することができる。

　Zillow, Elistit, Trulia はメディア型の不動産情報のポータルサイトで広告収入が収入源だが，Redfin, Market Leader, Estately, ZipRealty はそれ自身が不動産ブローカーとして物件を紹介しているため，MLS に直接アクセスすることができる。いずれのサイトも住所を入力するだけの簡単な操作で当該地域の売出物件情報や写真やマップ以外にも過去の取引事例や価格相場のトレンドなどが一目で確認できる構成になっている。米国の不動産の価格を決めている要素は「学区」と「治安」と「ハイウェイへのアクセス」だが，誰でも必要なデータをオンラインで確認することができる。Trulia では，周辺で過去にどういう事件があったかを確認することができる Trulia Map という機能が搭載されている。米国では通りが一本違うと住んでいる人たちの属性がガラッと変わってしまい，賃料水準が大幅に変わることは珍しくないが，Zillow では，郵便番号

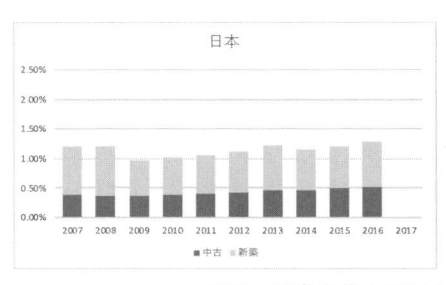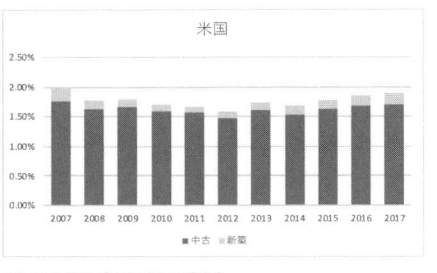

図2　日米の総人口における不動産流通の割合
（出所）　建築着工統計，法務局登記統計，（米商務省）国勢調査局（Census Bureau），全米
　　　　リアルター協会（National Association of Realtors）より筆者作成。

ごとの投資利回りや賃料相場が毎月公開されている。

　日本では MLS と同様の不動産業者共通データベースであるレインズがある
が，有効に機能していない。データの登録が一部のケースでしか義務付けられ
ていない結果，地方都市などではほぼ利用されていない。結果的に，不動産業
界は自社のデータ以外のマーケットデータを得ることができない状況にある
（図1）。

　こうした情報開示の仕組みの違いが日米の不動産取引の活性化に影響してい
るであろうことは想像に難くない。日本と米国の年間の不動産流通量を総人口
比と比較すると，米国では日本の1.5倍程度の不動産の流通が行われている（図
2）。また，近年若干状況が改善されつつあるとはいえ，日本のマーケットにお
ける中古住宅の流通割合は全体の不動産流通量の4割であり，流通量の9割が
中古不動産である米国と比べ，圧倒的に少ない事実が確認できる。

　不動産のセカンダリーマーケットの規模が少ない理由の一因には，情報開示
の少なさによる透明性の低さの問題があると考えられる。一般消費者にとって
中古不動産の質の良し悪しと価格の妥当性を正しく見極める方法は，日本の
マーケットにおいてはほぼないのが現状である。

2. 不動産の価値とは？

　こうした中，近年拡大する不動産テックの分野で，情報の透明性確保にフォーカスをし，機械学習などで不動産を自動で査定するサービスが増えてきている。不動産査定サービスは，はたして本来の目的である不動産の透明性の実現，およびそれに伴う不動産取引の拡大に寄与できるだろうか。査定（Valuation）とはどういう行為を示し，求められる透明性とは何かを明らかにすることで，日本の不動産テック産業の目指すべき Valuation の方向性と可能性について言及する。

　不動産査定といっても，「価格」査定と「価値」査定は本来異なるものである。「価格」とは，取引に際して提示される金額，つまり値段である。他方，「価値」とは，不動産の場合はコストを上回る使用的，経済的メリットを示す。

　価値工学（Value Engineering）とは，製品や役務（サービス）などの価値（＝製造・提供コストあたりの機能・性能・満足度など）を最大にしようという体系的手法であるが，価値工学の数式から価値と価格の関係を簡単に整理すると①式となる。

$$\text{Value（価値）} = \frac{\text{Function（機能：得る効用の大きさ）}}{\text{Cost（コスト：支払う対価の大きさ）}} \qquad \text{①式}$$

この数式を用い，不動産における価値と価格の構造は②式となる。

$$\text{Value（価値）} = \frac{\text{Function（使用的，経済的メリット）}}{\text{Cost（相場：市場価格）}} \qquad \text{②式}$$

　現在提供されている不動産査定サービスの多くは相場：市場価格，つまり Cost を算出しているものがほとんどである。Cost（相場：市場価格）を提示することは，従来の不動産業者によってこれまで行われていたサービスであり，単純にそれが Web に置き換わり自動化されたことにすぎない。一般消費者にとって価格査定をする不動産査定サービスを利用するメリットは，不動産業者と面倒なやりとりをしなくても現在の市場価格が即座に分かるという点にある

が，それが不動産の透明性の解消に寄与するかといわれると，それは限定的であるといわざるをえない。日本の不動産マーケットにおいて求められる透明性とは，Cost の開示ではなく Value の開示である。Value を提示するから Valuation なのであって，Cost の開示は厳密には Valuation サービスとはいえない。そうした意味で，テクノロジーによる不動産の「価格」査定サービスは Transaction や Operation のカテゴリープレイヤーであり，Valuation のそれではない。

　②式において，Function = Cost の場合，もしくは Function > Cost の場合にのみ本来取引が発生し，Function < Cost の場合は取引が発生しにくくなる。Function と Cost を比較できることが透明性のある状態といえる。透明性の確保，それに伴う取引市場の拡大にテクノロジーが寄与するためには Cost だけでなく，Function を提示することで Value を明らかにすることが重要と考えられるが，Function，つまり使用的，経済的メリットにフォーカスをしたサービスは現状ほぼ提供されていない。

　それでは，Function（使用的，経済的メリット）とは何か。経済的メリットは数値で定量的に表せる客観的数値であり，使用的メリットは消費者が使途・購入目的に対して感じる客観的に定量化しにくい価値，すなわち主観的メリットを意味する。VR や IoT 技術などのテクノロジーを用いて主観的メリットを明確化できる可能性は考えられるが，それは客観的な Valuation のターゲットではないため，ここでは経済的メリットに論点を集中する。

　不動産の経済的価値を査定するのは不動産鑑定士の役割であるが，不動産鑑定は以下の3つの方法により総合的に評価することで行われる。

- ●費用性による積算法
- ●市場性による取引事例比較法
- ●収益性による収益還元法

　この場合，Cost はつまり積算法と取引事例比較法のことであり，Value（経済的価値）は収益還元法を指す。すなわち，その不動産がどれだけの収益価値（資産価値）があるかを表す行為が Valuation であり，それをいくらで購入するか

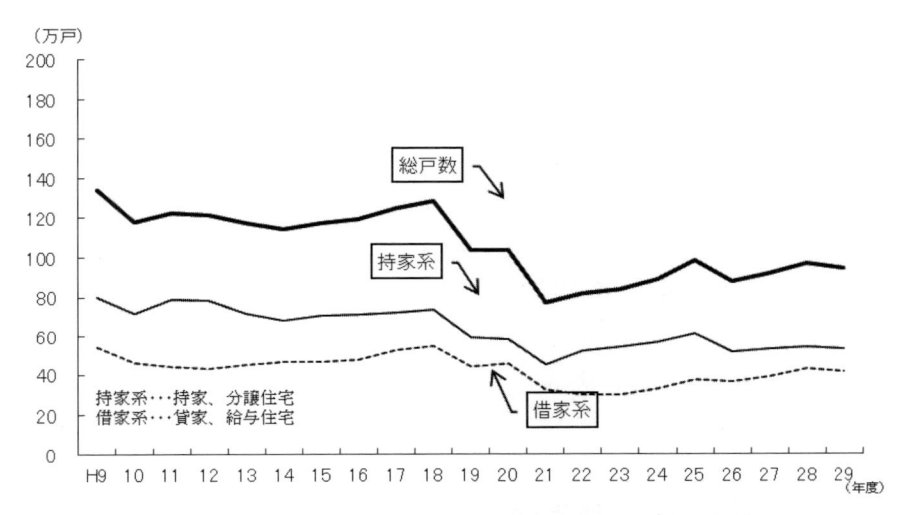

図 3　新設住宅着工戸数の推移（総戸数，持家系・借家系別）
（出所）「住宅着工統計」（国土交通省）。

を表すものが相場（市場価格）である Cost となる。

　Valuation によって不動産が生む経済的価値，つまりキャッシュを分析することで，Cost の市場価格の妥当性を評価することがはじめて可能となる。収益還元法は③式で表される。

$$V = \Sigma_{i=1}^{n} \frac{CF_i}{(1+DR)^i} + \frac{CF_{n+1}/TCR}{(1+DR)^n} \qquad \text{③式}$$

$$\left(\begin{array}{l} V：経済的価値，\ CF：キャッシュフロー \\ DR：割引率，\ TCR：ターミナルキャップレート \end{array} \right)$$

　③式の右辺の前項は賃貸に出した場合にテナントから得られる賃料の将来合計であり，後項は将来的な売却により得られる売却益となる。いずれも将来の予測となるので，確実に提示できるものではないという理由から，これまで一般の不動産取引において収益還元価値が提示されることはなかった。しかし，収益還元価値は不動産の資産性を見極める上で本来もっとも重視されるべき要素であり，過剰供給されている日本の不動産マーケットにおいて今後最重要視

されなければならない要素といえる。日本の住宅不動産の総数は 6,060 万戸である一方，世帯の数は 5,200 万世帯であり，現時点で 860 万戸余っている状態の中，毎年 100 万戸近い新設住宅が供給されている（**図3**）。

　日本の不動産マーケットは過剰供給状態であり，今後人口減少が進む経済環境の中，資産価値を維持できる住宅と資産価値が下落する住宅の二極化が進むことが予想される。日本の不動産資産の価値を守るためにも，収益価値に着目した不動産取引が必須となる。

　また，中古不動産の経済的価値をきちんと提示できれば，日本の中古不動産も正しく評価され，流通が拡大することが期待される。

3. 投資における不動産価値分析

　日本の不動産マーケットの中でも，特に透明性が低いマーケットは投資不動産の取引である。現状多くの不動産投資家や不動産業者が判断材料にしている数字の一つに，「表面利回り」がある。価格が 1,000 万円の区分不動産の年間家賃収入が額面 60 万円であった場合に，この不動産の表面利回りは 6％となる。そして投資不動産の取引には，この表面利回り以外に価値を測る指標がほぼ提示されていない。

　表面利回りは，「今この瞬間の不動産のパフォーマンス」を説明しているにすぎず，将来にわたって変動する（下落する）家賃収入を考慮していない。前述の通り，日本の不動産は過剰供給され続けている状態であり，経年の変化によって不動産の競争力は下がる。そして，その経年による競争力の低下は，当然地域ごとに大きく異なる（**図4**）。30 年間の賃料の下落率は，東京 23 区では 28.7％であるが，大阪では 43.8％，名古屋では 47.3％となっている。

　投資不動産のマーケットで本来必要とされる指標は表面利回りではなく，経済的価値の収益還元価値のはずである。改めて説明するまでもないが，同じ表面利回りの不動産であっても，その後の家賃の変動の状況，および売却益の有

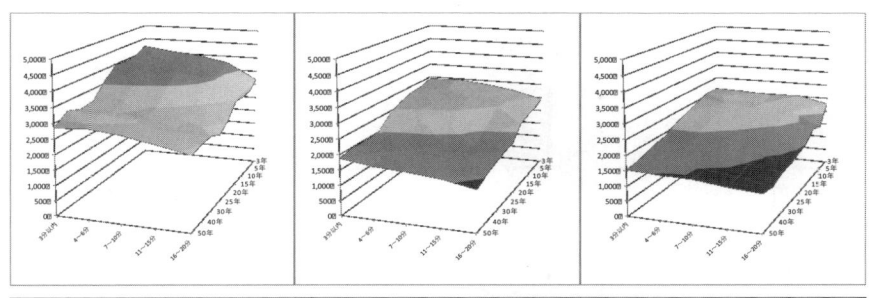

東京23区	大阪市	名古屋市
−28.7%	−43.8%	−47.3%

図4　30年間の地域別賃料経年下落

（出所）　リーウェイズ株式会社不動産データベース「Gate.」。

無によって全期間の投資利回りは異なる（**図5**）。

　一般的な投資において収益還元価値を比較するための指標に *IRR*（Internal Rate of Return）があるが，これは全期間の投資パフォーマンスを表すことができる指標であり，内部収益率と訳される。不動産投資における *IRR* は，投資金額，投資期間中のインカムゲイン，投資期間が終了したときの出口の価格（キャピタルゲイン・ロス）までを考慮した，トータルの投資収益率を年率で表したものとなる。

　不動産投資は，売却時のキャピタルゲイン，キャピタルロスによって，投資のトータルのリターンが大きく変わる。表面利回りや純収益での利回りは，わかりやすいというメリットがある一方で，購入時点のインカム利回りしか表せないというデメリットもある。その点，*IRR* は投資期間中のトータルリターンを試算できる。*IRR* とは④の等式を満たす *R* の値の部分となる。

〈投資期間5年の例〉

$$投資金額 = \frac{1年目のNOI}{(1+R)} + \frac{2年目のNOI}{(1+R)^2} + \frac{3年目のNOI}{(1+R)^3}$$

$$+ \frac{4年目のNOI}{(1+R)^4} + \frac{(5年目のNOI+売却価格)}{(1+R)^5} \qquad ④式$$

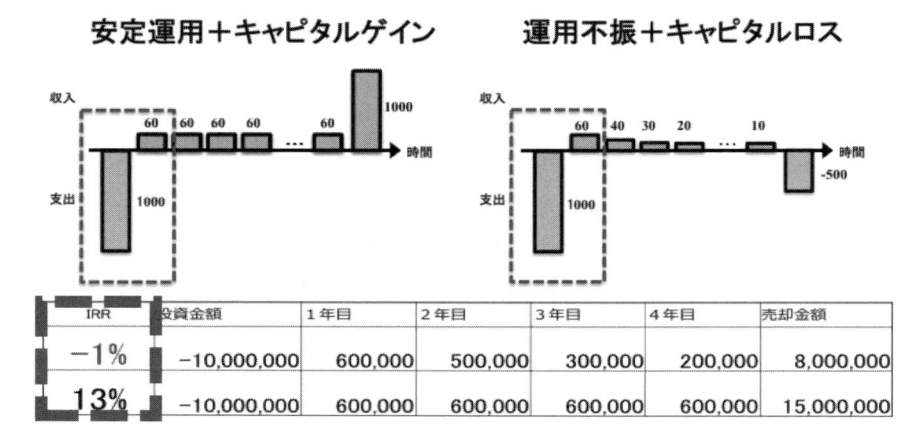

図5　表面利回りと全期間の投資利回り

　たとえば，2,000万円の物件を購入し，毎年100万円の償却前利益（*NOI*）があり，1,900万円で売却すると，上の計算式から*IRR*は4.08%となる。

4.　投資不動産市場の課題

　本来の投資価値の判断指標となる*IRR*が投資不動産取引の現場で利用（提供）されていない理由は，分析の難易度にある。前述した④式を見ればわかる通り，*IRR*を算出するためには将来の*NOI*の変化と売却価格を算定しなければならず，それは現実的に不可能であるとされてきた。そのため，取引の現場では代替的に表面利回りが利用されてきた事情がある。

　一方で，こうした状況が業者にうまく利用されてしまう状況をつくり出している。賃料や利回りの相場感がわからない地方都市のアパートやマンションを，地元の不動産業者と結託してつくった架空の賃貸契約をベースに高値で投資家に売却するといった事例は，筆者の25年間の不動産業界の経験の中で何度も目にする機会があった。賃貸付の地元の不動産会社に倍の広告料を支払い，相

場賃料より割高なテナントづけを超短期で行い，あたかも満室稼働しているかのように見せる方法や，融資を引き出すために空室の部屋にカーテンをつけて満室のように見せるカーテンスキームと呼ばれる方法などで，本来投資すべきではない金額で投資家に購入させるといった事例である。こうした悪徳な取引業者の存在が日本の不動産業者への不信感を生み，投資不動産の取引市場を狭めている原因であることは間違いない。

日本の不動産投資家は平成 28 年の不動産所得の申告者数ベースで約 327 万人であり，総人口比にして 2.5% 程度にとどまっている。日本人の持ち家率が 61% であることを考慮すると，2.5% の投資家が国民の住宅の残り 4 割を保有しているという異常な状況に気づくはずだ。一部の富裕層に不動産資産が集中し，多くの一般投資家に不動産が流通していない。

日本の建築水準は世界一であり，東京圏の人口規模は世界一，東京の GDP も世界一である。その状況を踏まえると，日本の不動産投資のマーケットは本来投資対象としてもっと注目されてしかるべきであるが，現実はそうはなっていない。年収 600 万円くらいであれば，不動産投資のメリットを享受できるといわれているが，年収 600 万円以上の世帯は日本全体の約 19% である。日本の不動産投資家のマーケットは少なくとも総人口比 4 〜 5% 程度の 500 〜 600 万人規模まで拡大する，つまり今の取引数が倍増する可能性は十分にあると考えられる。

住宅市場は巨大な市場でありながら，過剰供給のため現時点で 860 万戸が空き家であることを考慮すると，自宅購入の実需マーケットは衰退産業であるといわざるをえない。供給をストップし，リフォーム産業へと転換することが，日本の不動産市場の資産価値を守ることにつながるはずであるが，業界構造的にその実現は難しいと考えられる。一方で，投資である賃貸マーケットは，同じく過剰供給ではありながら，マーケットの拡大は期待できる。賃貸の需要は都市の GDP に比例し，かつ賃貸物件の保有者つまり投資家は日本人である必要がないからだ。

グローバル環境で見ると，2018 年時点で日本の投資不動産はかなり割安の

部類に入る。世界の住宅価格の調査を行っている Global Property Guide の調査によれば，世界で最も高い不動産市場は台湾であり，不動産投資家の期待利回りは 1.5% 程度となっている。日本の不動産はスモール物件つまり賃貸物件にフォーカスをすると 5.4% であり，世界 87 か国中 49 番目に位置する。日本より不動産が安い国はケニアやコンゴなどのアフリカ諸国くらいであり，日本の賃貸物件は先進国の中で一番安い。世界経済を見ると，EU の経済先行きの不透明さや米中貿易戦争，中東情勢など恐怖指数である VIX 指数が上昇する要素に事欠かない状況になっている。鈴木，高辻(2015)は，不動産は金融危機時にリスク分散役として有益な資産クラスであったと分析しているが，VIX 指数が高まると世界の投資マネーは証券から不動産に資金が流入する傾向を見せる。現在，世界各国の主要都市が不動産バブルの状態であるため，流入先がないのが現状である。

　そうした中で，日本の不動産に注目が集まるのは至極当然の帰結であり，2017 年では年間 1 兆 1,000 億円の規模で外国人投資家が日本の不動産に資金を流入させている。調達金利の低さや円安の為替水準がそれに拍車をかけている。日本の今後の不動産マーケットのフロンティアは間違いなく投資不動産市場であり，日本の 4 割を占める賃貸マーケットの流動性をいかに拡大させることができるかが，ひいては日本全体の不動産資産市場を支えていく重要な課題となると考えられる。そのためには，不動産投資マーケットの透明性の担保が何よりも必要である。

5.　投資不動産市場への不動産テックの活用

　算出が難しい *IRR* であるが，将来の *NOI*，つまりテナントから得られるキャッシュフローの分析と売却価格を導き出すためのターミナルキャップレートの分析を行うことができれば，それは可能となる。そのためには膨大なデータが必要となるが，米国と異なり，日本では賃料データもキャップレートデー

タも十分に蓄積されていない。一方で，Web 上には毎日大量の賃貸募集情報や売却情報が掲載されている。

そうした Web 上の公開データを活用することができれば，投資不動産マーケットの透明性向上に寄与できるのではないかと考え，筆者は 2008 年に Web クローラーを構築し，Web 上の様々なサイトに点在する不動産データを自動的に収集する仕組みによって 10 年間にわたる賃貸募集価格と売却募集価格を 6,000 万件ストックすることができた。

不動産業界はこれまで成約価格のみが重要と考えてきたため，募集価格は重要視されてこなかった。しかし，賃料募集価格も市場相場で相対的に品質調整されている。築 10 年のものは築 10 年の賃料が設定されているし，徒歩 10 分のものは徒歩 10 分の賃料が設定されている。そうでなければ問い合わせが来ないからだ。であれば，家賃の経年下落率や空室率の推計という観点でいえば，募集価格でも十分に事足りるということになる。キャップレートも同様だ。周辺の物件に比べて，その時点で妥当な価格でなければ問い合わせが来ないため売却ができない。であれば，その時点の賃料相場と売却相場を割り戻すことで，キャップレートの時系列分析も可能となる。逆に成約価格は募集価格に比べて数が圧倒的に少なく，かつ特に投資不動産では何件も購入が見込める富裕層には大幅な値引きで販売することなどもよくあることであり，成約価格は個別要因による偏りがあるため，キャップレートの分析には向いていない。募集価格同士で比較することが客観的な比較となりうる。

2008 年はリーマンショックが起こった年であり，その後不動産マーケットは低迷し，2013 年からの異次元金融緩和によって再び不動産マーケットは上昇局面を迎えた。結果的に筆者のクローラーデータはボトムのマーケット情報からピークのマーケット情報までを網羅することができ，場所ごとのキャップレートの推計を行うことが可能となった。

たとえば，銀座線虎ノ門駅のキャップレートのレンジは2.9%から7.2%となっている一方，総武線の小岩駅では5.4%から12.4%となっている（図6）。これは筆者の肌感覚にもあっている。リーマンショック後は虎ノ門や赤坂などでは

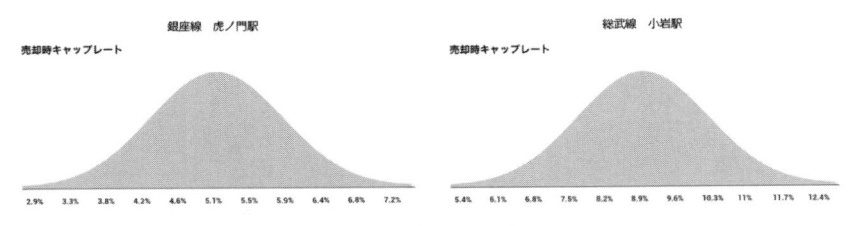

図6　駅別キャップレートボラティリティ

（出所）　リーウェイズ株式会社不動産データベース「Gate.」。

7〜8％で物件が取引されていたが，現在では3％前後でも取引が成立している。こうしたデータを簡単に分析することが可能となれば，多くの不動産投資家に開かれた投資不動産マーケットを構築することが可能となる。悪徳業者が小岩駅の不動産なのにターミナルキャップレートを4％で設定するようなことができなくなるということだ。

　データを分析する技術も近年発展してきた。これまで統計的手法として重回帰分析が用いられてきたが，単なる重回帰分析では多重共線性の問題などがあり，高い分析精度を得ることが難しかった。ところが，ディープラーニングを始めとする人工知能の技術の登場によって，高い精度でデータを分析することが可能となってきた。筆者が代表を務めるリーウェイズ株式会社では自社のもつビッグデータをディープラーニングで解析し，不動産の将来価値を算出できる不動産業務パッケージ「Gate.（ゲート）」を開発し，プロフェッショナル向けのツールとして提供している（https://leeways.co.jp/gate-business/）（**図7**）。

　これまで，不動産の賃料査定や資産価値査定は非常に煩雑であり，かつ非常に属人的であった。仕入部署が甘めに査定して仕入れた物件の賃貸づけに管理部署が苦労するといった現場での悩みは，多くの不動産会社が抱えている。将来シミュレーションもデータの裏付けのない感覚的なものであったため，不動産投資家だけではなく，不動産業者自体も妥当性を検証できないのが現状である。そうしたすべての不動産プロフェッショナルに向けて「Gate.」のサービスを提供している。

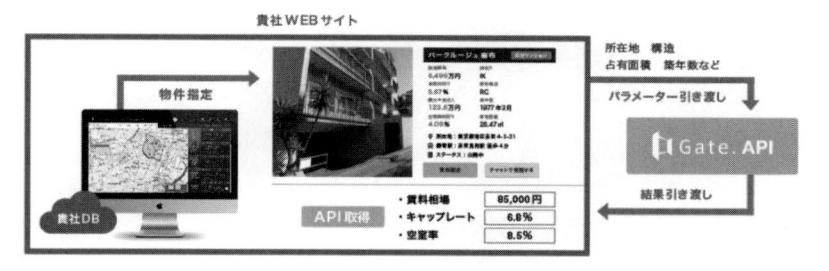

図7　Gate. サービス

　「Gate.Investment Planner」は月額2万円で不動産の将来価値を無制限に分析できるツールである。何日もかかっていた分析業務がボタン一つでできるとなれば，査定担当者にとって相当メリットが大きい。

　「Gate.」は投資不動産仲介会社だけでなく，不動産管理会社やデベロッパー，そして不動産鑑定士や税理士といったプロフェッショナルが利用している。さらに大手金融機関での導入事例も増えてきており，不動産の資産「価値」査定ツールのニーズの高さが分かる。

　「Gate.」はOEM提供も行っており，パッケージ化されていることで，従来

図8　Gate. サービス OEM 事例

コストの 10 分の 1 以下のコストで自社システムとして「Gate.」本体をカスタマイズすることも可能だ（**図8**）。

「Gate.」のようなサービスが多く出てくれば，日本の不動産投資のマーケット規模は拡大する。特に海外投資家にとっては，土地勘のない日本の不動産に投資する際の重要なツールになりうると理解している。

6. 不動産テック市場の課題

Google を持ち出すまでもなく，Web クローリング技術は Web ビジネスの根幹を支える仕組みである。リクルートによる求人サイトである Indeed や Lifull によるアグリゲーションサービスの Trovit，旅行情報比較サイトの Tribago などは，クローリング技術なしではビジネスが成立しない。さらに，政府も総務省が消費者物価指数の調査にクローラー開発の検討を開始しているなど，現在のビジネス社会においてクローリング技術は欠かすことができない状況である。

一方で，不動産業界ではクローリングに対して否定的な意見を持つ専門家も存在している。一般に公開されていない会員制サイトや Google のアクセスを拒否しているサイトをクロールするのはそもそも論外であるが，誰でも閲覧可能なオープンデータをクロールすること自体が問題視されることがある。他人

の褌で相撲を取るとは何事だという話だが，前述の通り，Web の世界では他人の褌を取り合って相互に相撲を取っている。そもそも API 連携ができれば問題はないのだが，不動産情報会社各社が API を提供する方向になるまで相当の時間がかかる。Indeed のようにクローラーがクロールされる側にきちんとメリットを提供することができるのであれば，不動産業界でもクローラーは許容されやすくなる。たとえば，クロールしたデータの分析結果を API で返して，元サイトのサービス向上に貢献する，元サイトへ送客する，またはデータ提供の対価として，利用料の支払いや分析技術の提供を行うなどといった関係の構築は実現可能と考えられる。

　データの蓄積がない日本の不動産業界の透明性を高めるためには，現時点では情報を持つ民間会社が連携して積極的にデータを整備していく以外に方法はない。日本の不動産取引の透明性を高めるために，そして日本の不動産取引マーケットを拡大するために，多くの情報を持つ大手不動産会社，大手不動産情報会社と分析技術を持つ不動産テック各社が協力体制，情報共有体制を構築することが重要であり，それが今後の不動産テック市場の課題である。

〈参考文献〉

JLL グローバルリサーチ「2018 年版グローバル不動産透明度インデックス」http://www.joneslanglasalle.co.jp/japan/ja-jp/Research/JLL_GRETI2018_J.pdf（2018 年 10 月 1 日アクセス）

小林正典「米国不動産流通システムの概要と我が国の不動産流通市場への示唆」http://www.lij.jp/html/jli/jli_2016/2016winter_p092.pdf（2018 年 10 月 1 日アクセス）

Global Property Guide「Rental Yields」https://www.globalpropertyguide.com/（2018 年 10 月 1 日アクセス）

鈴木 英晃, 高辻 秀興「ポートフォリオ選択におけるリスク回避度別にみた不動産投資の選好」https://reitaku.repo.nii.ac.jp/index.php?action=pages_view_main&active_action=repository_action_common_download&item_id=696&item_no=1&attribute_id=22&file_no=1&page_id=13&block_id=29　（2018 年 10 月 1 日アクセス）

不動産市場における
シェアリングエコノミーの影響

株式会社スペースマーケット 代表取締役

重 松 大 輔*

1. はじめに

　シェアリングエコノミーは，そのテクノロジーにより生活者の購買行動を所有から利用へと変え，世界的に様々な分野で大きな進展を続けている。中でも，中国では GDP の 10% がシェアリングエコノミーであるといわれ，市場規模も 2017 年時点で 60 兆円を超えたといわれている。

　一方，我が国でも，政府の成長戦略に 2016 年から 3 年連続で重点施策として記載されるなど，人口急減社会を支える共助のインフラとして社会的に大いに期待されている。

　ここでは，一般的なシェアリングエコノミーの特徴やカテゴリーなどについて解説し，なぜここまでシェアリングエコノミーが世界的に進展しているのか

*しげまつ　だいすけ
早稲田大学法学部卒。2000 年，NTT 東日本入社。主に法人営業企画，プロモーション等を担当。2006 年，株式会社フォトクリエイトに参画。一貫して新規事業，広報，採用に従事。国内外企業とのアライアンス実績多数。2013 年 7 月，東証マザーズ上場を経験。2014 年 1 月，株式会社スペースマーケットを創業。2016 年 1 月，シェアリングエコノミーの普及と業界の健全な発展を目指す一般社団法人シェアリングエコノミー協会を設立し代表理事に就任。

という点を共有した上で，不動産市場に与える様々な影響について説明したい。

2. シェアリングエコノミーとは

(1)　概　　要

　シェアリングエコノミーは，家の利用していない部屋や移動中の車の空いている座席など目に見えるものから，料理や通訳ガイドのスキルなど目に見えないものまで，「個人が保有している遊休資産を，インターネットを介して取引するサービス」を指す。その取引を仲介している会社がシェアリングエコノミー事業者である。

　シェアリングエコノミーは，購買行動を所有から利用へシフトし，使いたいものを使いたいときに使いたい分だけ使うエコノミーであるという観点から，オンデマンドエコノミーともいわれている。

　利用者は所有せずに利用することでローコストなライフスタイルを手に入れることができ，提供者は自分の持つ遊休資産を簡単に収益化することができる。

　狭義では個人間（CtoC）取引と定義されているが，BtoC も BtoB のシェアリングエコノミーサービスも存在する。

　利用者が企業の代表的なサービスとして，クラウドソーシングというスキルのシェアリングエコノミーサービスがある。たとえば，新規のプロジェクトで，自社が保有していないスキルが必要になったときや，一時的に人手が必要な業務が発生した際，外部のそのジャンルに卓越した人に業務を外注することで，自社で遂行するより短期間で高いクオリティの成果が見込める。

　逆に，サービス提供者が企業のケースだと，ラクスルという印刷サービスが代表的である。このサービスは，印刷会社の所有する非稼働印刷機をインターネット上でシェアして稼働させることで収益化し，その代わりに印刷の価格を安く抑えて顧客に「印刷を安く」という価値を提供している。

⑵　シェアリングエコノミー普及の背景

シェアリングエコノミーの発祥は，2008 年にいわゆる「民泊」の仲介サービスを始めた米国の Airbnb といわれている。その後も続々と「個人間でのモノの貸し借り」を仲介するサービスが登場してきたが，シェアリングエコノミー普及の背景としては，スマートフォンと SNS の存在が大きい。

2006 年に iPhone が登場して以降，スマートフォンにより誰でもどこでもインターネットに接続することができて，インターネットを介してリアルタイムでサービスやモノの利用状況が確認できるようになったという点がシェアリングエコノミー普及の最も大きなポイントである。また，スマートフォンの GPS 機能により自分がいる場所の近くを移動中の車の座席の空席状況等がリアルタイムで把握できたり，決済機能により簡単かつ安全に決済ができるという点も普及を後押ししている。

SNS の存在もシェアリングエコノミーの特徴である個人間の取引を推し進めた大きな要因の一つだ。シェアリングエコノミーにとって個人と個人の信頼関係構築が非常に重要な要素であるが，相手の情報を見ると共通の友人や投稿されたコンテンツに共感をどれだけ集めているか等が可視化されていることで，相手の信頼レベルをある程度把握でき，実際に会ったことがなくても繋がりあうことができるということが当たり前の社会をつくった。SNS が可能にした個人と個人が繋がり合うという社会の前提が，個人間の取引であるシェアリングエコノミーを推進する素地となったといえる。

そして，さらに個人間取引の信頼性リスクを解消したのが，多くのシェアリングエコノミーサービスで実装されているユーザー同士の相互評価制度である。サービスを使った後に，サービスの提供者も利用者もそれぞれを評価し合うことで，評価が可視化されることで安心安全を担保している。

⑶　シェアリングエコノミーの分類および市場規模

シェアリングエコノミーは，空間・モノ・移動・お金・スキルの 5 つのカテ

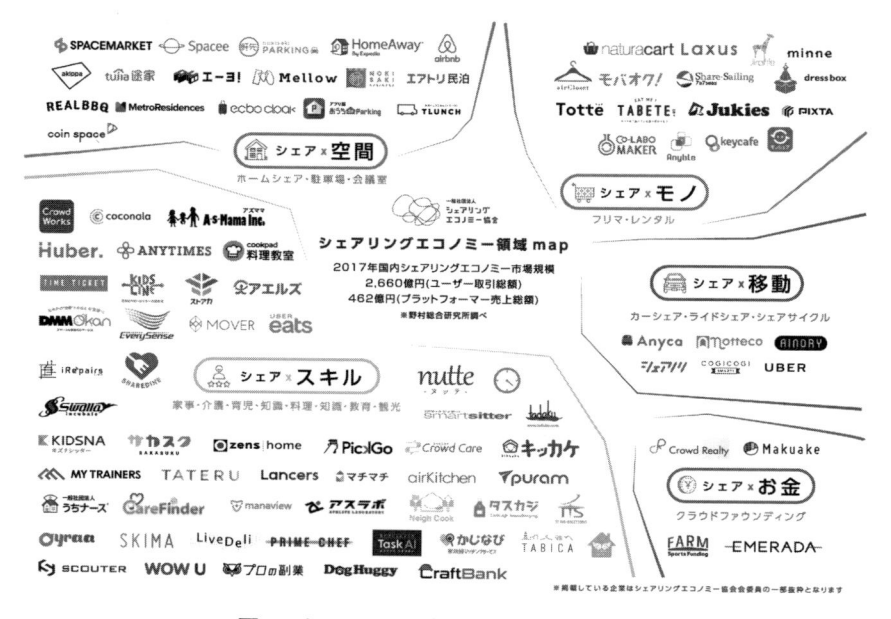

図1　シェアリングエコノミー領域 map

（出所）　シェアリングエコノミー協会。

ゴリーに分類されるといわれており，それぞれのカテゴリーで様々なサービスが生まれている。

　空間は，弊社スペースマーケットのスペースを１時間単位で貸し借りできるサービスや，駐車場シェアの akippa，住宅の空きスペースを宿泊場所として提供する Airbnb 等，不動産市場の新しい担い手（空間シェアはメインテーマであるので，詳細は 4. で各サービスについて説明する）として様々な空間活用の新たな事例を生み出している。

　モノは，メルカリに代表されるフリマサービスや，高級バッグのシェアサービスのラクサス等，ミレニアル世代に支持される様々なサービスを生み出している。

　移動は，車そのものを貸し借りするカーシェアと，移動中の空いてる座席をシェアするライドシェアに二分される。前者は DeNA が提供する Anyca，後

者は Uber や notteco が代表的なサービスである。

　お金は，クラウドファンディングが主なサービスで，国内では Makuake，Ready for，Campfire が代表的なサービスである。

　最後にスキルは，非常に範囲が広く，前述したクラウドソーシングのクラウドワークスやランサーズ，家事のスキルシェアのエニタイムズやタスカジ，地域の体験をシェアする TABICA，ベビーシッターのアズママ，通訳ガイドの Huber. 等，様々なスキルシェアのサービスが存在する。

　このように様々な領域で広がりを見せているシェアリングエコノミーであるが，その経済効果も非常に大きなものになると予想されている。

　野村総合研究所によると，日本での国内シェアリングエコノミー市場は，2017 年度でユーザ取引総額が 2,660 億円と拡大している。

3. 不動産市場におけるシェアリングエコノミーの可能性

(1) 時間貸しという新しい選択肢

　シェアリングエコノミーの概要および普及の背景の中でも述べたように，リアルタイムに利用状況が可視化され，オンデマンドで利用できることで，これまでとは全く違った不動産の活用事例が様々なシーンで生み出されている。

　たとえば，売買や賃貸取引においては，物件は古ければ古いほど価値は低減してしまうが，1 時間単位で貸し借りできるスペースマーケットでは，築年数の古い物件でも驚くほど活用され収益化に成功している事例が多数生まれている。以下に代表的な事例を挙げる。

　また，飲食店等営業時間のあるスペースも，営業時間外というアイドルタイムを時間貸しで活用することによって新たな収益化を実現できている。

　つまり，シェアリングエコノミーは，不動産市場に，売買と賃貸以外に新しい不動産活用の選択肢を提供し，既に特定の目的で利用されているスペースで

事例1：東京・町田の古民家：築年数はおよそ100年の茅葺屋根の古民家。駅から徒歩20分と決してアクセスが良いわけではないが，月平均30万円以上の収益を上げている。

事例2：東京・京王線・上北沢駅から徒歩3分のリノベーションマンション。築40年超の中古マンション。家賃相場10万円のところ，月平均25万円以上を収益化。

も，本来の目的で利用されていない時間や，空いている空間をシェアすることで収益化できる可能性を生み出したといえる。

(2) 空き家問題解決への可能性

わが国で深刻な社会課題となっている空き家問題の解決策としてもシェアリングエコノミーは期待されている。空き家の増加の背景は，次の4点が理由だといわれている。①人口減少，②核家族化が進み，親世代の空き家を子供が引き継がない。③売却や賃貸が望ましいが，住宅の質や立地の問題で市場性が乏しい。④売却や賃貸ができない場合は解体するべきだが，更地にすると固定資産税が上がるため，そのまま放置しておいたほうが有利。

この中で，③④の売買や賃貸については，古ければ古いほど価値は低減してしまうが，時間貸しで収益化できることがわかれば解決できる。

また，空き家所有者の今後5年間の利用意向をヒアリングすると，①空き家にしておくが31.9%，②取り壊すが18.4%，③所有者やその親族が利用するが8.8%，④売却するが7.8%，⑤賃貸するが3.8%という内訳になる。①の空き家にしておくと答えた人の理由としては，(i)物置として必要が44.9%，(ii)解体費用をかけたくないが39.9%，(iii)特に困っていないが37.7%，(iv)将来，自分や親族が使うかもしれないが36.4%，(v)仏壇など捨てられないものがあるが32.8%，(vi)更地にしても使い道がないが31.9%という内訳である。(iii)以外は，所有の移転や場所の占有は発生せずに，自分たちが使いたいときに使えれば収益化を望んでいることが想定される。このように売買でもなく賃貸でもなく，利用という新たな不動産の活用方法が空き家問題解決の鍵を握っている。

(3) 不動産シェアにおける IoT 活用

不動産シェアについては，IoT 機器との親和性が高く，積極的に活用することでローコストに運用でき，かつスペース利用における最適化を実現することができる。たとえば，スマートロックによる無人オペレーション，Web カメラによる防犯抑止，センサーによる動線の最適化等，IoT 機器を活用すること

で誰でも簡単かつ安全に運用することが可能である。

　シェアオフィスの WeWork Japan では，ワークスペース内の人の動きをセンサーで計測することによって日常の動きをデータ化し，個別のスペースに必要な広さを導き出したり，コミュニケーションを生み出す動線の設計等に活用しており，ワークスペースの改善に努めている。

⑷　シェアリングエコノミーのデータ活用による未来の都市計画

　シェアリングエコノミー事業者は，日々プラットフォームに様々なデータを蓄積しており，不動産を扱うシェアリングエコノミー事業者には，空間利用における膨大なデータが蓄積されている。それらを匿名化したデータを共有して都市計画に活かしていく動きが今後本格化していくと考えられる。

　不動産市場ではないが，ライドシェアの米国 Uber は，2017 年 1 月，都市計画の担当者が交通状況を得られるサービスを発表している。数十億回の配車に関する情報が都市計画当局や研究者に利用されており，通行に特に時間がかかる地域を特定したり，インフラが不足している場所を確認することで都市計画にデータを活用する取組みが始まっている。

4.　不動産シェアの代表的な企業

⑴　SPACEMARKET

　スペースマーケットは，様々な場所をネットで 1 時間単位から簡単に貸し借りできる「時間貸し」のマーケットプレイスとして，2014 年にサービスをスタートした。これまで，お寺・古民家・映画館・離島など，約 1 万件の様々なスペースを掲載し，「お寺で開発会議」，「映画館で社員総会」，「島でコスプレ撮影会」など，法人・個人のユニークな利用事例を全国で多数生み出してきた。

　そして，2018 年 6 月 15 日の民泊新法施行に合わせて，民泊を含む宿泊事業

図2　スペースマーケット

（出所）　スペースマーケット HP。

を本格展開することにより，時間貸しに加え，宿泊も提供できることになり，「働く・遊ぶ・泊まる」の全てに関わる暮らしのインフラとして，時代に合った新しい働き方や暮らし方を提供している。

　また，民泊は，地域の観光の受け皿や，関係人口構築のインフラとして活用する動きが全国各地で顕在化してきていることから，様々な地域と連携して地方創生に資する取組みを進めている。

(2)　akippa

　akippa（あきっぱ）は，契約されていない月極駐車場や個人宅の車庫・空き地・商業施設などの空いているスペースを借りて，15分単位または1日単位でネット予約して駐車できるサービスである。Web とアプリで展開しており，駐車場利用者は，①30日前から予約が可能，②登録料や月額費用等はなく周辺相場よりもリーズナブル，③クレジットカードまたは携帯キャリアでの決済のためキャッシュレスで利用可能の3点をメリットに，気軽に利用できる。スポーツ観戦やコンサートなどの混雑が予想されるイベント時に利用できることも多く，周辺の交通渋滞の緩和にも繋がっている。他にも，来客用に周辺の駐車場を予約したり，法人で利用したりと，イベント以外でも様々な用途で活用

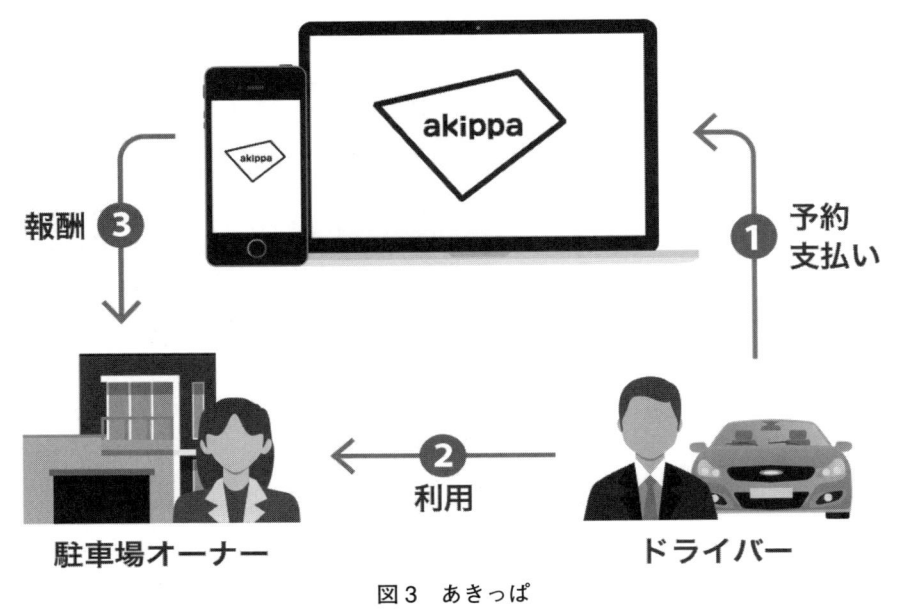

図3　あきっぱ

（出所）　あきっぱ HP。

されている。同社は，2018 年 9 月末時点で，日本全国に駐車場拠点数は累積 2 万 3,000 箇所，会員数は 90 万人と，駐車場シェアリングサービス業界においては 1 位となる規模となっている。

⑶　**ecbo cloak**

　エクボクロークは，2017 年 1 月に東京都内でスタートした「荷物を預けたい人」と「荷物を預かるスペースを持つお店」をつなぐ，世界初の荷物一時預かりシェアリングサービスである。荷物を預けたいユーザーは，コインロッカーの代わりにカフェ・美容院・レンタサイクル・着物レンタル店・神社・郵便局・一部駅構内などの多種多様なスペースに荷物を預けることができる。荷物を預かるオーナーは，副収入を得られるほか，預かりを通じて店舗の認知向上や既存サービスの利用へ繋げることができる。利用方法は簡単な 4 ステップ。マップ上で事前に場所を探して，日時と荷物の個数を指定して預け場所を予約，

図4　エクボクローク

（出所）　エクボクローク HP。

店舗へ行って荷物をチェックイン，荷物を引き取りチェックアウト完了。現在，東京・京都・大阪・福岡・沖縄・北海道・愛媛をはじめとする，全国の主要都市で展開をしている。国内外の旅行者による利用だけでなく，イベント参加の際や日常生活におけるお出かけやお買い物など，その他様々なシーンで利用されている。ベビーカー，スポーツ用品，楽器など，コインロッカーに入らない大型サイズの荷物も預かっている。

⑷　coinspace

　コインスペースは，テクノロジーを活用した新たな空間創造を通じて，生活者の時間的価値の向上の実現を目指している。具体的なサービスは，空きスペース等の有効活用として，誰でも気軽に利用できる会員登録不要な時間料金制スペースを提供しており，電源・Wi-Fi が完備された空間は飲食持ち込み自由であり，勉強や仕事，会議や打ち合わせ，趣味の集まり，休憩など様々なシーン

図5　コインスペース

（出所）　コインスペース HP。

で利用できる。現時点では，渋谷，五反田，錦糸町，横浜に計6店舗を展開。利用方法として，席単位でのWeb予約も可能であり，好きな時間だけ1人でも複数人でも利用でき，利用時間に応じて料金を支払うシステム。なお，長時間利用者には最大料金の適用や，リピーター向けには回数券や月額会員プランも用意。不動産オーナーにとっては，空きスペース等の有効活用に加えて，商業施設におけるパブリックスペースの新展開や，建物の入居テナントへのサービス機能としての活用も可能。なお，スペースの展開および運営を容易にするために無人受付運営システムを提供しており，ローコストでのオペレーションが可能である。

⑸　軒先ビジネス

　軒先ビジネスとは，店舗の一部や空きスペース，自宅のガレージ，アパートやマンションの空き駐車場など，一見利用価値がなさそうな小さなスペースを

累計売上 No.1 のポップアップストア予約サービス

軒先ビジネスは、2008年のサービス開始以来、そのスペースでビジネスする皆さんを応援してきました。まだまだ「ポップアップストア」文化が花開いていない日本。皆さんと一緒に、日本のポップアップストア市場を盛り上げていきたいです。:)

図6　軒先ビジネス

（出所）　軒先ビジネスHP。

1日単位で貸し借りできるプラットフォームサービスである。

　以前から不動産の時間貸し，間貸しというものは存在したが，ウィークリーショップのようなものは人気の立地では賃料が非常に高く，個人事業主が手を出せるものではなかった。そうでないものは借り手と貸し手が相対で話をまとめるしかなく，軒先ビジネスのように，誰でも気軽にWebで空きスペースの情報を検索予約できるサービスは存在していなかった。スペースの利用料は最終的にはオーナーが決定する。たとえばショッピングセンターの駐車場の一部が半日800円からビル1棟1日10万円までと様々である。そのうち35％が同社のシステム手数料となる。

　主な利用用途は，空きスペースを使った短期催事やポップアップショップであり，オフィス街でランチを販売するキッチンカーや，携帯電話等の各種販売キャンペーン，野菜のマルシェなどでの利用が多く，その他には自作の作品展示会，ビジネスのテストマーケティングなどがある。軒先ビジネスのプラットフォームで，誰でも簡単に低リスクでリアルな商売を始めることが可能。日本

のマイクロビジネスを下支えできる存在となることを目指している。

(6)　REALBBQ

　バーベキュー関連事業を行っている REALBBQ は，2015 年から遊休地化している中小規模オフィスビルの屋上を活用して，貸切型屋上 BBQ 場「REALBBQ PARK」を展開している。百貨店などの既に値付けされた屋上を活用するのではなく，今まで 1 円も収益を生み出していなかった中小規模オフィスビルの屋上を活用して新たな経済価値を創出し，スペースオーナーとレベニューシェアしているのが特徴。銀座や渋谷などの好立地を中心にドミナント出店をしており，都心で働く 20 代，30 代に支持されている。支持の背景は，手軽に楽しめる「非日常体験」──オフィスビル屋上という意外性や丁度良い

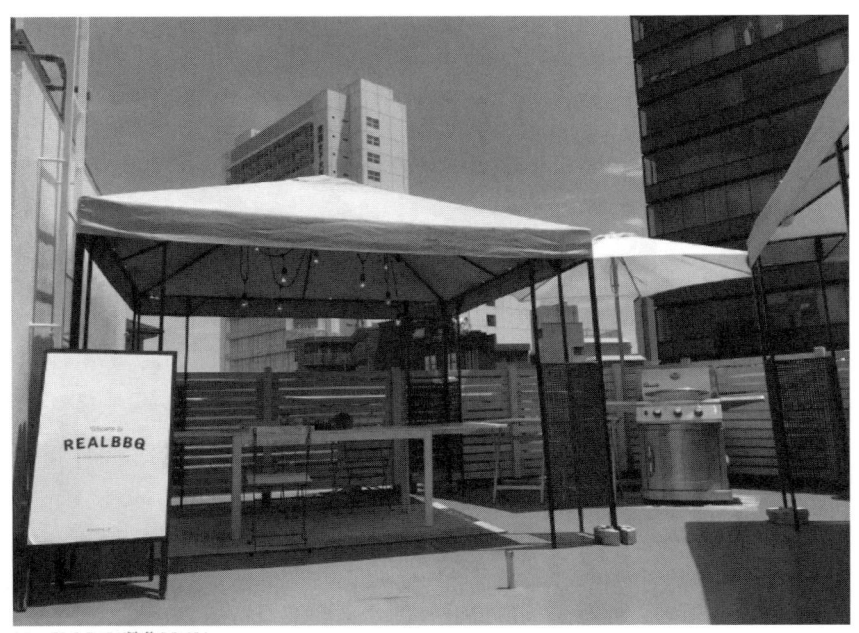

REALBBQ PARK渋谷COHSA

図7　REALBBQ

（出所）　REALBBQ HP。

広さのプライベート感に加え，夜景ビル群や自社開発している魅力的な食材（塊肉など）がフォトジェニックな非日常感を演出している。従来，中小規模オフィスビルの屋上のマネタイズとしてアンテナ設置や広告看板設置などがあるが，収益性においてあまり魅力的でなかった。これに対し，REALBBQ では1シーズンで200万円を超えるリターンをしているケースもあり，立地によっては非常に収益性の高いモデルとなっている。また，テナント企業においても，気軽に BBQ ができる環境は歓迎されている。特にコワーキングや貸会議室などが入っているビルでは，打ち合わせ後にそのまま屋上で打ち上げを行うケースが多く，ビル利用者の満足度向上にも繋がっている。

⑺　landcamp

　ランドキャンプは，世界中の庭・軒先き・田畑・山林・キャンプサイト・リバーサイド・ビーチサイド・島・ツリーハウス・キャンピングカー・バン・工場・グラウンド・アパートマンションの屋上・ビルの屋上・空き地といった，様々な空いた土地をユニークなキャンプスペースとして様々なキャンプ，また，各地域資源を活かした現地での様々なアクティビティを楽しめ，ウェブやモバイル，タブレットで掲載・検索・予約・決済ができるプラットフォームである。

図8　ランドキャンプ

（出所）　ランドキャンプ HP。

ホストとなって土地や空いたスペース，アクティビティをランドキャンプに登録(無料)すれば収益を得ることができ，様々なキャンパーとの繋がりとともに，ランドキャンプのコミュニティの一員として，たとえば防災での避難用具にもなる位置付けで，テントと寝袋による被災地での有効活用，災害時による混乱の回避，その他救援物資の支援など，様々な災害支援でのプロジェクトで社会貢献へ繋げる役割も兼ねている。さらに，ランドキャンプユーザーはランドキャンプ独自のコンテンツを共有することでランドキャンプ本体の運営に参画することができる。

(8)　ADDress

ADDress は，登録拠点ならどこでも住み放題になる，サブスクリプション型の多拠点居住のシェアサービスである。働き方の多様化や，さまざまなライフプランに応じた生活拠点の気軽な変更を可能にする。地方にとっては，都市部に集中していた人口の地方への受け皿ができることで，短期的な観光ではなく，関係人口の増加による消費・地域活動を通した地域の価値を高めることに

図9　ADDress

（出所）　ADDress HP。

もつながる。

　各拠点は，個室を確保しつつも，シェアハウスのようにリビング・キッチンなどを共有する。空き家や別荘を活用することでコストを抑えながら，リノベーションによる快適な空間を提供し，光熱費，Wi-Fi，共有の家具やアメニティの利用，共有スペースの清掃も含めて月額4万円からの低価格を実現する。会員同士や地域住民との交流の機会も提供し，会員は様々な地域で新たなコミュニティに出会える。少子高齢化の人口減少時代において，移住ではなく都心部と地方が人口をシェアリングする多拠点居住のサービスを低価格で提供する。

〈参考文献〉

米山秀隆（編著）（2018）『世界の空き家対策：公民連携による不動産活用とエリア再生』学
　芸出版社

国内外の事例から見る 不動産テックの必要性
——次世代へバトンを繋げるために——

株式会社リブセンス 不動産ユニット
芳 賀 一 生[*]

1. はじめに

筆者自身，多くの IT 企業に所属してきたが，2015 年に株式会社リブセンスに入社し，IESHIL（イエシル）という不動産情報サービスに携わるまで，不動産テックという言葉の面識は少なかった。IT 企業で働いていると，絶えず新しいテクノロジー，新しい考え方が目まぐるしく登場する。情報の取捨選択が常に求められる IT 業界の中では，当事者外の情報には業界事情までは通暁しない。

しかし，2015 年から不動産テックと向き合う立場となり，改めて人々の生活とテクノロジーが融合するということにプラクティカルな意義を感じることとなった。それは，私達が近い未来で前例のない少子高齢化に直面したとき，

*はが いっせい
駿河台大学文化情報学部卒業。2004 年ディップ株式会社にて広告営業を経験しトップセールス賞を受賞。その後，2006 年ヤフー株式会社，2010 年バリューコマース株式会社，2014 年アマゾンジャパン合同会社を経て，2015 年から株式会社リブセンスにて不動産の市場価値を公開した不動産情報メディア（IESHIL）を立ち上げ，国内不動産テックの推進に従事。2018 年からは株式会社リブセンスとスターツコーポレーション株式会社の合弁会社となる株式会社フィルライフの取締役を兼任。

生活基盤を支える不動産とテクノロジーの連携は，合理的必要性があるからである。日々侵食するように増加する空き家，既存住宅への情報不足に起因する消費者不安，都市への人口一極集中と地方の過疎化，このような不動産に付帯する課題の多くはテクノロジーによって適正化ができる。

　これからの国内人口の減少は深刻さを増していくことが予期されている。国立社会保障・人口問題研究所の発表データによると，2030 年にはすべての都道府県で人口が減少し，2045 年までに日本の総人口が 1 億 642 万人になると予想されている[1]。そして，その後も人口は減少の一途となり，国内経済は縮小し，社会保障制度が崩壊するという悲観的なシナリオだ。

　出生率の改善，移民の受け入れ，人間が行う業務の AI への代替など，解決シナリオは複数提示されているが，いずれにしても「大きく変化すること」が強く求められていることは間違いない。民間の立場から不動産テックを推進する一人として，不動産業界におけるテクノロジーの必要性と，不動産業界の次世代を担う方々へのバトンをつくり上げる必然性について紹介していきたい。

2.「個」の IT 活用が遅れる国内ビジネスパーソン

　「先進諸国で日本のビジネスパーソンによる IT 活用は最下位」，そんな心痛い結果が，2018 年 3 月，ガートナージャパンの調査報告資料によって発表されている（図 1）。

　調査リリースによれば，業務用途のデジタル・テクノロジーのスキルに関する自己評価について，日本人は自分を「素人」ないし「中程度」のレベルと考える従業員が 6 割近くも占めている。しかし，他国は「素人」ないし「中程度」のレベルと考える従業員が 3 割程度しかいない。

　このように，デジタル・スキルが素人〜中程度と回答する日本人が多い中，そのデジタル・スキルを習得するための手段と機会に「関心なし」と回答した割合についても，日本が最も多く 16% である。他国では，シンガポールが

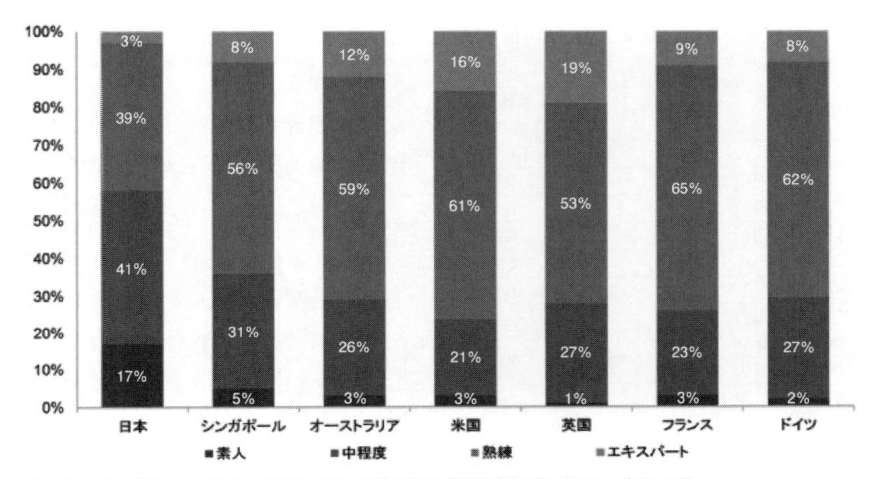

n=日本：342人、シンガポール：343人、オーストラリア：345人、米国：1,039人、英国：362人、フランス：347人、ドイツ：342人

© 2018 Gartner, Inc.

図1　主要先進国のワークプレースに関する実態調査結果
（出所）　ガートナージャパン調査報告資料。

5%，アメリカでも 3% 程度であり，先進諸国の中で日本はデジタル・スキルへの自己評価が低く，習得する意欲も低いと回答する割合が多い。

　そして，同年 5 月に発表された同社の調査リリースでは，日本企業の特徴として経営層の関心は，新たなデジタル推進組織の設置，オープン・イノベーションの導入など，組織全体の取組みに集中しがちで，「個」の力を高める施策が後手に回っているケースが散見されているという[2]。個の IT 教育の機会が少ない中，若い人たちが使いにくいと感じる業務用途のデジタル・テクノロジーも，年齢が上がるにつれて慣れてしまう傾向があり，結果として組織全体が IT による成長・進化の機会損失を起こしてしまっている。

　このように，IT 活用が遅れる日本の中で，平成という時代が終わろうとしている。この平成という時代を経済視点で解説した『週刊ダイヤモンド』の 2018 年 8 月 25 日号の特集は示唆的だ（**表1，2**）。「平成経済全史　さらばレガシー，その先へ」と題された特集は，平成元年と平成 30 年，それぞれの年で

表1　平成元年（1989年）世界時価総額ランキング

順位	企業名	時価総額 （億ドル）	国名
1	NTT	1,638.6	日本
2	日本興業銀行	715.9	日本
3	住友銀行	695.9	日本
4	富士銀行	670.8	日本
5	第一勧業銀行	660.9	日本
6	IBM	646.5	米国
7	三菱銀行	592.7	日本
8	エクソン	549.2	米国
9	東京電力	544.6	日本
10	ロイヤル・ダッチ・シェル	543.6	英国
11	トヨタ自動車	541.7	日本
12	GE	493.6	米国
13	三和銀行	492.9	日本
14	野村證券	444.4	日本
15	新日本製鐵	414.8	日本

表2　平成30年（2018年）世界時価総額ランキング

順位	企業名	時価総額 （億ドル）	国名
1	アップル	9,409.5	米国
2	アマゾン・ドット・コム	8,800.6	米国
3	アルファベット（Google持株会社）	8,336.6	米国
4	マイクロソフト	8,158.4	米国
5	フェイスブック	6,092.5	米国
6	バークシャー・ハサウェイ	4,925.0	米国
7	アリババ・グループ・ホールディング	4,795.8	中国
8	テンセント・ホールディングス	4,557.3	中国
9	JPモルガン・チェース	3,740.0	米国
10	エクソン・モービル	3,446.5	米国
11	ジョンソン・エンド・ジョンソン	3,375.5	米国
12	ビザ	3,143.8	米国
13	バンク・オブ・アメリカ	3,016.8	米国
14	ロイヤル・ダッチ・シェル	2,899.7	英国
15	中国工商銀行	2,870.7	中国

（出所）　『週刊ダイヤモンド』2018年8月25日号。

世界時価総額上位企業ランキングを紹介している。

　内閣府景気基準日付でバブル崩壊期間の開始年とされる平成3年（1991年）のちょうど2年前，平成元年（1989年）の世界時価総額上位企業は日本企業が独占していた。当時はNTTなどの通信系，銀行系が上位を連ねており，米国の時価総額最上位はIBM（6位）であった。このバブル崩壊直前まで，世界のリーディングカンパニーとなる上位5社は日本企業で埋め尽くしていたのである。

　しかし，30年後となる平成30年（2018年），世界時価総額上位ランキングはすっかりと変貌してしまった。アップル，アマゾン，グーグル，マイクロソフト，フェイスブックなど，ITを強みとした米国企業が上位を埋め尽くし，上位50企業の中で唯一の日本企業はトヨタ自動車（35位）しかない。

　平成元年という年は，日本のバブル崩壊前であり，世界的にみても特異な時期であったことは間違いないが，注視すべきは平成30

年のトップ企業が米国 IT 銘柄で埋め尽くされていることだろう。国内の大手 IT 銘柄といえば，ソフトバンク，NTT ドコモ，KDDI などのキャリア系企業や，リクルート，楽天，ヤフーなどのインターネットメディア，EC ポータルなど，日本を代表する IT 企業が多数存在している。しかし，この世界時価総額ランキングの上位 50 社には国産 IT 企業が一社も食い込めていない。

なぜ，日本は IT に弱いのかという点は諸説あるが，米国とは異なる文化的背景が影響しているという指摘が多い。たとえば，「エビデンス作りには時間をかけるが，リスクを許容する意思決定が弱い」，「変化や新しいモノを歓迎しない文化がある」，「モノ作りは強いがソフト作りは弱い」など，国内 IT 遅れの揶揄は枚挙に暇がない。

とはいえ，この平成という 30 年間で起こった国際的なリーディングカンパニーの入れ替わりを見れば，第三次産業革命以降，日本企業群が国際的な変化に対応できなかったことは残念ながら事実である。そして，その変化の中枢にいる重要なファクターが IT となっている。

3. 不動産テックの広義と狭義

驚異的な情報通信技術の発展，スマートデバイスの普及など，いくつかの要因から X-Tech（クロステック，エックステック）と呼ばれる IT 活用がムーブメントとなり，各分野で革新的なデジタル革命が非連続的に発生している。この X-Tech は「○○ × Technology」の造語として誕生した言葉の総称であり，まだ十分に進んでいない産業に先進的な IT 技術を駆使することで，新たなビジネス領域の誘発や創生を指している。

たとえば，金融 × IT であれば FinTech（フィンテック），教育 × IT であれば EdTech（エドテック），人材 × IT であれば HRTech（エイチアールテック）など，多くの分野，産業で X-Tech が定義されている。そして，この X-Tech の中で注目分野となっているのが「不動産テック（Real Estate Tech）」である。

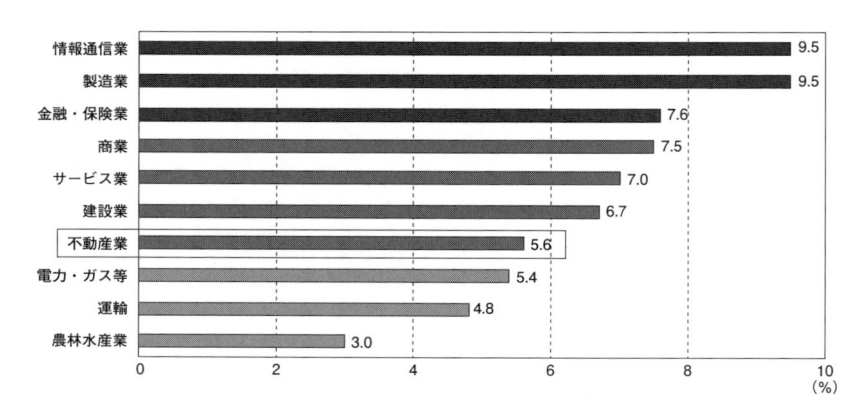

図2　産業別 ICT スコア

（出所）　総務省『ICT による経済成長加速に向けた課題と解決方法に関する調査研究報告書』。

　国内では 2015 年頃から不動産テックに注目が集まってきたが，その注目と期待は不動産業界のレガシー脱却に目が向けられることが多い。

　たとえば，不動産会社間の物件情報のやり取りは未だ FAX が中心にある。そして，販促活動の要はチラシ投函や路上にいる看板持ち（たてかん）が通例で，マンションのポスト周辺に置かれる共有のごみ箱には，不動産関連のチラシが雑多に捨てられている光景も珍しくない。IT を利活用すれば，スマートデバイスやパソコンに集約できる業務も多いのだが，業界の歴史が長く，生活習慣のように慢性的な商慣習が残る不動産業界にとって，業務フローを一斉改革させることは容易なことではない。

　総務省がまとめた『平成 26 年情報通信白書』の産業別 ICT スコアを見ても，不動産業界が 5.6 ポイントと評価され，他産業と比較しても低いスコアが発表されてしまっている（図2）。

　ただし，不動産テックの全容を把握する上で再認識しなければいけないことがある。それは，グローバルで注視される不動産テックは，広義の不動産テック（従来型の業務改善を中心とした IT 活用を含む）ではなく，狭義の不動産テックである点だ。

　グローバルでも，不動産業界の業務支援や業務効率化の IT 導入は積極投資されているが，本来の X-Tech が注目される大要は技術革新を前提とした技術戦略と創造的破壊を伴うビジネスイノベーションである。残念なことに，グローバルな不動産テックと国内不動産テックの差は大きく，国内不動産業界においては広義の不動産テックの外堀がやっとスタートした段階といえる。

4.　海外不動産テックの先端事例

　では，不動産テックにおけるビジネスイノベーションとは，どのようなイノベーションなのか。昨今の IT 技術は，時として既存産業のディスラプター（破壊者）とも呼ばれる。たとえば，フィルムカメラ産業が半導体画像センサーにより縮小し，音楽産業はストリーミング技術により 10 分の 1 まで減少した。これは，不動産業界においても他人事ではない。それを体現するビジネスモデルはグローバルに点在しはじめている。先進的な米国不動産市場の不動産テックカンパニー 3 社から，いくつかのビジネスイノベーション事例を取り上げてみたい。

(1)　iBuyer

　X-Tech は，既存の産業構造や競争原理が破壊・再定義されるようなビジネス領域をつくり出す。このような不動産テック事例のひとつは iBuyer 市場にある。

　iBuyer とは，AI を搭載した価格査定エンジンを活用し，最適価格で売り手から直接物件を買い取る。そして，この買い取った物件を自社物件として転売し，その差額を利益とするビジネスモデルである。国内でも，不動産の買取り再販事業を展開する企業は多数存在するが，米国の iBuyer 企業は，人間による物件価格査定ではなく，AI を活用し，テクノロジーによって物件査定を代替している。この仕掛けによって，ハイスピード，ローリスクで買取り額をは

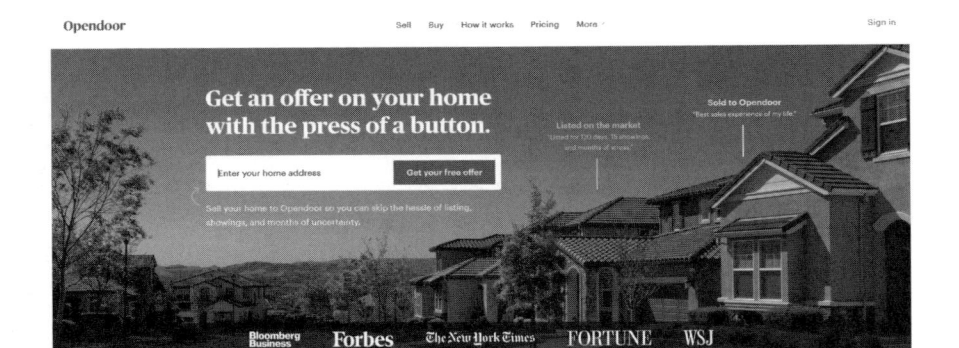

図3　iBuyer 企業の先駆者「Opendoor」

（出所）　https://www.opendoor.com。

じき出すことが可能となり，売り主に対して従来では実現できないようなスピードで売却完了を約束することが可能となった。

　この iBuyer モデルの先駆者は，2014 年創業の「Opendoor（オープンドア）」といわれている（図3）。Opendoor で家を売却すると，たった数日で売主に買取り額が振り込まれるというから驚嘆する。

　また，2018 年4 月には，米国最大手の不動産メディア「Zillow（ジロー）」が iBuyer 市場に乗り出すことを発表し，改めてこの市場に注目が集まった。Zillow といえば，米国内でユーザー利用率が最も高い不動産情報プラットフォームだ。多くの不動産エージェントが，Zillow を通じて買い手，売り手を結び付けている。その Zillow が iBuyer 市場に乗り出したことで，一部の売り主（価格よりも早期売却を望む層）は不動産エージェントではなく，Zillow へ直接的に売却を依頼しはじめている。

⑵ 民　　泊

　欧米など，海外で急速に市場シェアを拡大しているビジネスがシェアリングエコノミー（sharing economy）だ。シェアリングエコノミーとは，「インターネットを介して，余剰となっている遊休資産を活用するサービス」を指している。

　シェアリングエコノミーは CtoC サービスが多く，個人間でモノ，サービス，場所を共有するサービスが散見されるようになった。各サービスの利用は簡単で，スマートフォンアプリやウェブサービスにアカウントを登録するだけで，その日のうちに参加できるものが多い。

　このシェアリングエコノミーの中で，民泊や体験の共有を提供する Airbnb（エアビーアンドビー）が新たな共有経済を形成している（**図4**）。Airbnb とは，世界 192 か国，33,000 の都市で 80 万以上の宿を提供し，グローバルで急成長をしているユニコーン企業である。2014 年 5 月には Airbnb Japan が日本に設立され，国内でも注目度が高い不動産テックサービスへと変貌をしている。

　シェアリングサービスの中でも，民泊は一般の住居を宿泊施設にも転用できる画期的なサービスといえる。Airbnb を活用すれば，長期出張によって長く空けることになる自宅，利用頻度が低い個人別荘，相続で譲り受けた使わない空き家など，維持費だけがかかる遊休不動産が宿泊施設に変わり，オーナーとなる提供者は収益を得ることができる。賛否はあるが，国内では民泊を実施する場合の法律が整備され，2018 年 6 月 15 日に「住宅宿泊事業法（民泊新法）[3]」が施行された。現在，民泊をオーナー側として利用する場合，住宅の所在地を管轄する都道府県知事等に届け出る必要がある。

　また，国内で法整備が整った一方で，フランスでは民泊が既存の宿泊施設の経営に大打撃を与えているという。2017 年の 1 年間だけで 800 軒ものホテルが廃業に追い込まれた。また，アパートなども民泊営業に回すため家賃相場が高騰し，賃借人の中でも契約を更新できない人が続出している。

図4　民泊を提供する「Airbnb」

（出所）　https://www.airbnb.jp。

⑶　コワーキング・スペース

　2016年9月，国内では安倍晋三首相が内閣官房に「働き方改革実現推進室」を設置し，働き方改革の取組みを提唱した。「一億総活躍社会を実現するための改革」ともいわれる働き方改革だが，解決したい課題は労働力人口の減少である。国立社会保障・人口問題研究所によれば，2105年には4,500万人まで日本の総人口が激減することが予測されており，日本の社会保障の崩壊，国内労働力の低下など，少子高齢化の未来は暗いニュースばかりである。

　しかし，この働き方改革を後押しするようなサービスに注目が集まっている。それは，コワーキング・スペースだ。事業と組織の成長が読みづらいベンチャー企業，場所を選ばずに働けるエンジニア，創造力が求められるクリエイターなどが積極的にコワーキング・スペースを活用し始めている。こういったニーズから，コワーキング・スペース市場が形成され，昨今の成長産業となっているのである。

　グローバルで不動産ソリューション，サービスを提供するJLLが発表した

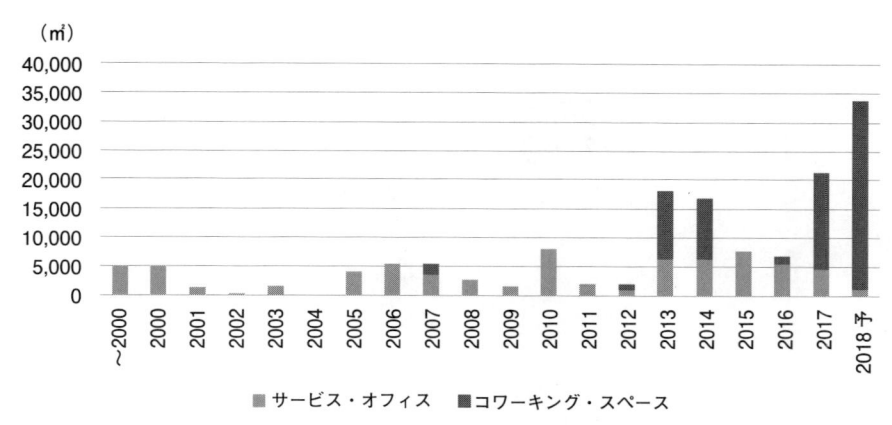

図5　東京における新規床面積（コワーキング・スペース対サービス・オフィス）〈開設時点ベース〉

（出所）　JLL。

　東京におけるコワーキング・スペース市場分析レポートによれば，従来型のサービス・オフィスを横目に東京オフィス市場で，コワーキング・スペースは2017年以降急激に拡大している（図5）。延べ床面積は，千代田区，港区，渋谷区，中央区，新宿区の5区で，2017年末時点で1万6,902㎡に対し，2018年6月末時点で3万2,624㎡と約2倍まで増加している。また，2018年末には約6万2,608㎡まで拡大する予測となっている。

　そして，このコワーキング・スペース市場を牽引するグローバル企業が「WeWork（ウィーワーク）」である（図6）。2018年，WeWorkが日本で改めて注目されたニュースがある。それは，ソフトバンクの本社機能をすべてWeWorkに移転検討をしているというロイターが報じたニュースだった（このニュースが報じられた時点で，ソフトバンクの孫正義氏は，WeWorkへ追加の44億ドルにもなる出資を即決で決定している）。

　WeWorkの凄さはどこにあるのか。それは，単なるコワーキング・スペース事業ではない点にある。WeWorkが提供するオリジナルサービスのひとつにWeOSがある。このWeOSは，入居者の入出管理や会議室予約などができ

図6　コワーキング・スペースを提供する「WeWork」

（出所）　https://www.wework.com。

る管理用アプリだが，同時にコミュニティ機能も実装されている。WeOS を通じて WeWork 利用者同士のコラボレーションを可能としている。

　さらに，WeOS の裏側ではヒートマッピング技術を応用し，WeWork のコワーキング・スペースを利用している人々の細かなインタラクションをビッグデータとして蓄積している。WeWork は，このデータによって，どのようなオフィスレイアウトにすれば人々の生産性が向上するのかを分析している。この蓄積されたメタデータは，WeWork が保持する BIM（ビルディング・インフォメーション・モデリング）とも連動しているため，新たなコワーキング・スペースを作り出す際に，AI によってデスクの配置，会議室の数，共有スペースの広さなど，細かな設計を最適なバランスで算出している。

　将来，世界のオフィスレイアウトはすべて WeWork の AI が活用されるかもしれない。現在はコワーキング・スペース事業が主となる WeWork だが，WeOS に蓄積されたビッグデータを他社のオフィス設計に役立てる戦略を示唆している。

　これらのように，不動産業界の中でも，iBuyer，民泊，コワーキング・スペースなど，スタートアップ企業が急成長し，AIやビッグデータを駆使しながら，実業面にも進出をしてくる時代が到来している。そして，技術戦略と創造的破壊を伴うビジネスイノベーションを起こし，既存の産業構造や競争原理を破壊・再定義していく。そして，このようなイノベーションを起こす企業は決まって国外企業である。

5.　国内不動産テックの課題

　筆者自身，2015年に国内企業のリブセンスに入社し，不動産テックを学びながら，「IESHIL（イエシル）」という不動産情報メディアサービスの立上げの担当をさせてもらった（**図7**）。

　IESHILは，ビッグデータをAIによって分析し，現在は約73万棟（首都圏）のマンションに対し部屋別に価格推定をしている。利用ユーザーは気になる部屋の価格相場を確認することができるため，自宅の資産価値や，購入検討をしている物件の資産価値を確認することができる。他にも，マンション周辺の住環境データを参照できる機能を追加するなど，不動産市場の透明化をミッションとして機能拡充を続けている。

　また，2018年には，リブセンスとスターツコーポレーションの合弁会社「フィルライフ」という会社を設立している。フィルライフでは，「住まいのミカタ」という不動産売買の相談窓口事業を推進しており，不動産に強みがあるスターツコーポレーションと，ITに強いリブセンスが融合した新たな会社となっている。

　このように，自らが国内不動産テックを推進する当事者となり，日本特有の課題を感じることとなった。最初に直面した課題は，価格査定エンジンの開発を検討し始めたときだった。価格推定のベースとなる不動産の売却価格履歴は網羅性がなく，さらに不動産業者以外の利用は制限されている状況であった。

図7　マンション価格査定サイト「IESHIL」

（出所）　https://www.ieshil.com。

　価格査定エンジンを適正に構築するためのビッグデータ群は，売出し価格ではなく，実際に売買が成立した成約価格をベースにするべきだろう。なぜならば，多くの売買取引は売出し価格から少し値下がりをして成約をしているからだ。この成約価格を知るためには，REINS（レインズ）と呼ばれる不動産流通標準情報システムに蓄積された成約価格を参照するしかない。しかし，不動産業者以外のユーザーは REINS データの閲覧，活用は禁止されている。REINS データは不動産業者間限定で利活用するため，消費者や他業種の人間は個別の取引情報を参照することができないシステムとなっている。

　このような，クローズドな取引履歴システムによって，消費者不安も助長させている。それは，REINS 内のデータが最新の売出し物件であるため，消費者は不動産業者に直接教えてもらわないと，売出し物件を知ることはできない。一般的な不動産ポータルサイトに同時掲載をしている物件は探せても，REINS だけに蓄積をされた物件は不動産仲介業者に直接聞かなければ知ることができ

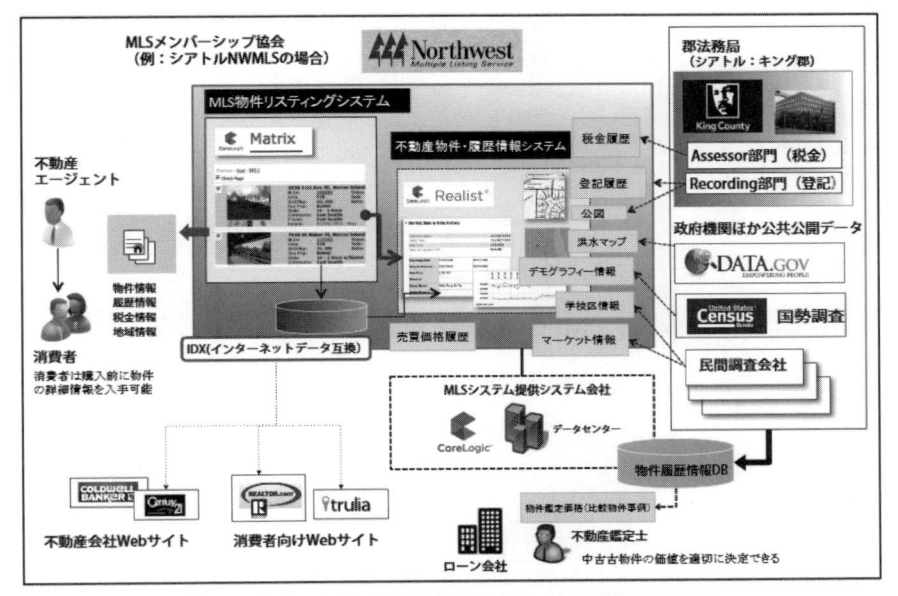

図 8　米国における不動産情報ストック整備の仕組み

（出所）　JARECO「米国不動産情報システムについて」。

ない。

　また，国内の住環境を正しく把握するためのオープンデータも統一感がなく，各省庁や自治体によってデータ形式やポリシーがバラバラとなっている。地域によっては非常に先進的なデータを収集しているが，その地域が限定となっているため，網羅的にデータ活用をすることが難しい。

　不動産テックによるビジネスイノベーションの基盤はビッグデータだが，国内不動産の取引情報や，公共性が高い不動産関連データは蓄積，整備，活用ルールが乏しいため，米国の成功事例を安易に横展開することは難しい。この点については，日米不動産協力機構（JARECO）で公開されている「米国における不動産情報ストック整備の仕組み(4)」と照らし合わせをすれば，国内不動産情報ストックとの違いが体系的に把握できるだろう（**図8**）。

　米国不動産の売買履歴や成約データは，不動産エージェント（国内では不動

表3　日米の不動産業界の違い

項　目	日　本	米　国
システム名	REINS（Real Estate Information Network System）	MLS（Multiple Listing Service）
セールスパーソンの資格取得制限	5分の1以上（セールスパーソンが5名に対して，有資格者は専属で1名必須）	全員必須
物件情報の網羅性	一般媒介契約の場合，REINSへの物件登録は任意のため，すべての物件が掲載されているわけではない。	物件として出たものは全て掲載しなければいけない。
物件情報の入力期限	専属専任媒介契約は締結後5日以内 専任媒介契約は締結後7日以内	原則24時間以内
閲覧対象	不動産業者のみ	MLSリスティングシステム：不動産業者のみがアクセスできる。 パブリックMLSリスティングシステム：一般消費者を含む誰もがアクセス可能（個人情報に関するものは省略している）
情報入力義務に関する罰則	違法に近い行為で免許停止処分や罰金となる場合があるが，物件情報入力における罰則は厳しいとはいえない。	勧告・罰金などのペナルティを課すのみならず，メンバーから除外措置を行う場合もある。
データエクスチェンジ，共通データ仕様	な　し	多くのMLSがIDX（Internet Data eXchange）に対応しているため，不動産メディア企業などは積極的に利用している。 また，RETSという共通データ仕様があるため，APIなども利用可能である。

産仲介営業に該当）が，MLS（Multiple Listing Service）と呼ばれる不動産情報システムへ，取引後24時間以内（州によって若干異なる）に入力を完了することが義務化されている。この入力を怠った場合の罰則はとても厳しい。そのため，対象となる不動産の取引履歴が正確なデジタルデータとしてリアルタイムに蓄積されている。

　さらに，各地域の税金情報や登記簿情報も国からデジタルデータとして連携されており，不動産テック企業は，この網羅的なMLSデータをAPI等で活用

することが可能である（個人を特定する情報取得はできない）。こういった高い次元でのデータ管理とオープン化によって，不動産関連データ全体で高い透明性を実現している。そして，オープンで透明な不動産データ群によって，消費者の不安が解消され，積極的に中古住宅が取引されているのが米国不動産の仕組みである（**表**3）。

6. 次世代にバトンタッチするための国内不動産テックの必要性

　不動産テックの推進は，既存の不動産業者にとって脅威と捉えることもできる。データ整備や規制緩和をすれば，IT 企業が実業に進出し，競合として台頭してくるかもしれない。また，グローバルで成功する外資系の巨人が突然乗り込んでくる可能性も高くなるだろう。

　しかし，国内不動産テックを推進する価値はとても高いと感じている。なぜならば，次の不動産業界をリードする世代は労働力人口に悩まされる世代だからである。2040 年には日本の労働力人口が約 20% も減少する推計データもあり，現在の業務プロセスのままでは利益確保がとても難しくなっていく（**図**9）。

　また，少子高齢化の煽りを直接的に受ける不動産業界において，新築市場から中古市場への早期シフトが求められている。しかし，現状の中古住宅市場の大きな課題は，REINS を中心とした情報の非対称性にある。この情報の非対称性が透明化されなければ，買い主は常に中古住宅価格の妥当性について疑心暗鬼なままになるだろう。

　ミクロ経済学では「レモンの原理」という学説があり，情報の非対称性は市場自体を縮小させてしまうことを指摘している。学説の内容については以下の通りである。

　中古車市場で，外見からはわからない欠陥車（レモン）と優良車（ピーチ）が混在していると，買い手が高い金額で欠陥車を買うことを恐れ，欠陥車に相

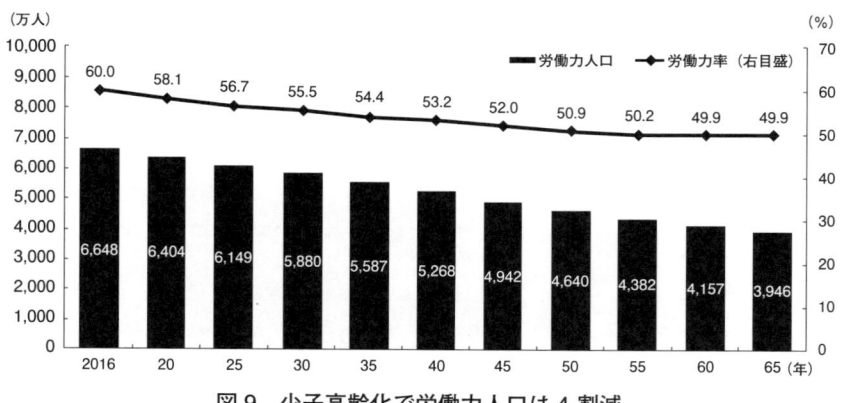

図9　少子高齢化で労働力人口は4割減

（注）　2016年は実績，2020年以降は，男女別，年齢5段階級別の労働力率を2016年と同
　　　じとして算出（75歳以上は，2016年の75歳以上の労働力率を75〜79歳の労働力率
　　　とし，80歳以上はゼロとして算出）。

（出所）　総務省『労働力調査年報』（2016年），国立社会保障・人口問題研究所『日本の将
　　　来推計人口』（2017年4月推計）より，みずほ総合研究所作成。

当する金額しか払わなくなるため，市場に優良車を出す売り手がいなくなる。
売り手・買い手の情報格差が原因で，質の悪い商品しか市場に出回らなくなる
「逆選択」が起きる（ジョージ・A. アカロフ，1995）。

　レモンの原理にならないために，消費者視点による透明化された国内中古住
宅市場を形成することは急務である。そのためには，不動産関連データの正し
いルール整備とストック，そして品質管理が必須である。また，不動産業界の
デジタル・テクノロジスキルの向上にむけた教育制度も重要となるだろう。今
のままでは，次世代の不動産業界の担い手が人口減少に直面し，未整備のデジ
タルデータに苦労を強いられる未来となってしまう。不動産テックの推進は，
次の世代に有益な環境を残すためのバトンとなるのである。

〈参考文献〉

『週刊ダイヤモンド』2018 年 8 月 25 日号「平成経済全史 30 さらばレガシー，その先へ」ダイヤモンド社

国立社会保障・人口問題研究所「日本の世帯数の将来推計（全国推計）─ 2015（平成 27）年 ～ 2040（平成 52）年─」http://www.ipss.go.jp/syoushika/bunken/data/pdf/210291.pdf（2018 年 10 月 7 日アクセス）

ガートナー ジャパン株式会社「主要先進国 7 カ国で実施したデジタル・ワークプレースに関する調査結果」https://www.gartner.co.jp/press/html/pr20180312-01.html（2018 年 8 月 24 日アクセス）

ガートナー ジャパン株式会社「ガートナー，全社員の IT 活用力強化に向けた 3 つの施策を発表」https://www.gartner.co.jp/press/html/pr20180522-01.html（2018 年 8 月 24 日アクセス）

総務省「平成 26 年版 情報通信白書」http://www.soumu.go.jp/johotsusintokei/whitepaper/ja/h26/html/nc121120.html（2018 年 8 月 24 日アクセス）

ジョーンズ ラング ラサール株式会社「JLL，東京におけるコワーキング・スペース市場を分析」http://www.joneslanglasalle.co.jp/japan/ja-jp/news/418/tokyo-coworking

一般社団法人日米不動産協力機構「米国不動産情報システムについて」https://jareco.org/img/usr/13th_apr25_JARECO.pdf（2018 年 8 月 24 日アクセス）

警察庁生活安全局 生活経済対策管理官付 課長補佐 木村紀夫「平成 27 年中の不動産関係事犯の検挙状況と主な検挙事例」http://www.retio.or.jp/attach/archive/102-005.pdf

みずほ総合研究所株式会社「みずほインサイト」https://www.mizuho-ri.co.jp/publication/research/pdf/insight/pl170531.pdf（2018 年 8 月 24 日アクセス）

ジョージ・A. アカロフ（1995）『ある理論経済学者のお話の本』ハーベスト社

(1) 国立社会保障・人口問題研究所「日本の世帯数の将来推計（全国推計）─ 2015（平成 27）年～ 2040（平成 52）年─」を参照。
(2) ガートナー ジャパン株式会社「ガートナー，全社員の IT 活用力強化に向けた 3 つの施策を発表」を参照。
(3) 国土交通省 民泊制度ポータルサイト「minpaku」を参照。
(4) 一般社団法人日米不動産協力機構「米国不動産情報システムについて」を参照。

不動産オーナーと管理会社をつなぐ「OwnerBox」から見る不動産テック業界の未来

ダイヤモンドメディア株式会社 代表取締役
一般社団法人不動産テック協会 代表理事

武 井 浩 三*

1. はじめに

新しいテクノロジーを用いて既存の事業に新たな付加価値を生み出すサービスを「X-tech（クロステック）」と呼ぶ。近年盛り上がりを見せているのは「フィンテック」,「HR テック」などで, それらと比較すると「不動産テック」には派手さがなく, 一般の人々にとっては遠い存在だったといえよう。

*たけい　こうぞう
ダイヤモンドメディア株式会社 代表取締役。一般社団法人不動産テック協会 代表理事。
高校卒業後ミュージシャンを志し渡米, Citrus College 芸術学部音楽学科卒業。帰国後に CD デビュー。アメリカでの体験から起業するも, 倒産・事業売却を経験。「関わるもの全てに貢献することが企業の使命」と考えを新たにし, 2007 年にダイヤモンドメディアを創業。会社設立時より経営の透明性をシステム化。「給与・経費・財務諸表を全て公開」,「役職・肩書を廃止」,「働く時間・場所・休みは自分で決める」,「起業・副業を推奨」,「社長・役員は選挙と話し合いで決める」といった独自の企業文化は,「管理しない」マネジメント手法を用いた次世代型企業として注目を集めるようになった。現在では, 不動産テック領域における IT サービスを中心にサービス展開を進める一方, ティール組織・ホラクラシー経営等, 自律分散型経営の日本における第一人者としてメディアへの寄稿・講演・組織支援なども行う。ダイヤモンドメディアの主な取引実績は, 東急住宅リース, 三井不動産レジデンシャルリース, 三菱地所ハウスネット, ミサワ MRD, オープンハウス, 長谷工アイネットなど, 200 社以上。2017 年, ホワイト企業大賞受賞。著書に『社長も投票で決める会社をやってみた』（WAVE 出版）がある。

　多くの調査結果が示しているように，不動産業界におけるITへの投資金額は他業界と比較すると大変少ない。しかし，これは良い意味で考えれば，ITによって業界をよりいい方向に変えていく余地がまだまだいたるところに残っているということでもある。

　筆者の立場でも，不動産テックが一般化し，不動産業界がITの力によって一皮剥けるためにはまだまだ相当の意識変革が必要であると感じている。

　電子システム化が進んでいてデータフォーマットがある程度統一されている金融業界などと比較すると，不動産業界，特に不動産流通業界はデータの量が多い割にフォーマットの統一やデータ共有の体制が整っていない傾向にある。そのため，機械学習を用いてビッグデータを業務に活用するなど，規模の大きなテックサービスは生まれにくい土壌にあることは認めざるを得ない。ITそのものに苦手意識を持っている従業員も多く，導入に対する心理的抵抗感も高いといえる。また，ステークホルダーの数が多いことも特徴的で，無理やり進めてもどこかにひずみが出る。サービスの浸透には，1〜2年など，ある程度中長期を見据えた戦略を立てる必要性があることは，実際にサービスを運営している身として痛感しているところだ。

　本章では，筆者が代表を務めるダイヤモンドメディア株式会社の自社サービス（主に，「OwnerBox：オーナーボックス」）の構想から立ち上げに至るプロセスの振り返りを踏まえ，中小規模の不動産テック企業の実情とサービス開発の裏側を整理していく。さらに，不動産流通業界で事業を営む者として「ITの力で業界を変えていくとはどういうことか」を考察し，提案していく。

2.　不動産テックに特化するまでの経緯

(1)　きっかけになったウェブサイト制作サービス

　あらかじめ述べておくが，筆者はもともと不動産流通業界の出身だったわけ

ではない。2007 年に当時の仲間と創業したダイヤモンドメディアという会社は，企業のウェブサイト制作サービスから始まった。案件が安定的に受注できるようになってからは，「業界に特化してノウハウを貯め，『成果の出るホームページ』にコミットしよう」という方針で社内の意見がまとまった。このとき，決めたのが不動産流通業界だった。

　このときから今まで継続している，不動産管理会社・不動産仲介会社向けのウェブサイト制作サービスが『ダイヤモンドテール』である。

　「競争優位性を最大限に活かす自社サイト」を強みとして，地域戦略，顧客の絞り込み，社内の運用体制構築，最適な集客方法のコンサルティングなど，成果につながるすべてをワンストップで提供するサービスとして，累計 200 社ほどにご利用いただいた。そのころには多くの不動産会社と深く付き合えるようになり，筆者をはじめ，当社の人間は不動産流通業界に対する理解が進んだ結果，業界の課題をかなり間近で感じられるようになった。

　それら新しく見えてきた課題を解決するソリューションとして生まれたサービスの一つが「OwnerBox」である。

(2)　OwnerBox とは

　OwnerBox は，一言で表すと，「不動産オーナーと不動産管理会社のコミュニケーションプラットフォーム」を提供するサービスである。不動産テックサービスは，(1)プラットフォームやクラウドを通じて不動産に関連するヒト・モノ・カネ・データ等を迅速に低コストでマッチング・シェアリングするサービス（Transaction），(2)人工知能やビッグデータ解析に基づいて，物件や地域の評価情報をリアルタイムに提供できるサービス（Valuation），(3)モバイル端末やツールを活用して，不動産業務の効率性・生産性を向上させるサービス（Operation）などに分類できる（谷山，2018）。このサービスは(1)と(3)の間に属し，管理会社側の業務効率を改善していくことが主な特徴だ。

　OwnerBox は，2017 年冬に正式リリース後，不動産収入・修繕費や管理手数料等の支出に関する明細発行機能，収支分析機能，管理会社からのお知らせ

機能，ファイル共有機能，メッセージ機能などを随時追加してきた。管理会社の業務を効率化し，担当者が賃貸戦略設計やオーナーとのコミュニケーションに，より集中できることを目的としている。

(3)　不動産オーナーと管理会社がデータを見ながら議論する

また，「オーナーが最適な賃貸経営戦略を立てられるよう，不動産オーナーと管理会社が同じデータを見ながら議論できるプラットフォームをつくる」ことも，このサービスの意義の一つである。

不動産オーナーにとっては毎月の収支が数字だけでなくグラフでも表示されるため，不動産資産の状況を簡単にわかりやすく管理できるというメリットもある。長期的に活用することで前年度比較なども行うことができるようになる。

本章の執筆時点において，利用者数は約 15,000。開発時から初期ユーザーとして協力していただいている東急住宅リース株式会社をはじめ，大規模〜中堅規模の管理会社への導入が進んでいる。

3. 「OwnerBox」開発の背景

(1)　不動産オーナーとの会話に隠されていたヒント

このサービスの構想は，ある業界フェアでの一人の不動産オーナーとの会話をきっかけに生まれた。2012 年頃のことで，当時は「不動産テック」という言葉すら一般的でなかった。

実はその頃，筆者には不動産流通業界のことはある程度理解しているという自負があった。しかし思い返せば，それらの知識はかなり局所的で，「IT が浸透していかないのは業界の体質上，仕方ない」と，半ば諦めに近い感情も持っていたように記憶している。

その不動産オーナーの悩みは，次のようなものだった。

「管理会社に物件を預けている。一生懸命やってくれているのだろうけれど，何をやっているのか分からないし伝わってこない。満室の時には，ほとんど管理会社が何もしてないように見えてしまう。『何もしてもらっていないのに，毎月3%から5%も管理手数料をもっていかれる』と連想して，不満を感じてしまうこともある。オーナーは，部屋が空いたときに一刻も早く埋めたい。しかし，そのときに管理会社とのコミュニケーションが不足すると不安になる。」

コミュニケーション不足によって発生した不安は，不信感に繋がっていく。不安な気持ちでいるときに，「空室が埋まらないから家賃を下げましょう」と管理会社から相談されても，「今のままの家賃で，もっと頑張れるんじゃないのか」と思ってしまう，と。

⑵ コミュニケーションを促し，情報を可視化するのはITの得意技

先のやり取りは，最初は何気ない雑談だった。しかし，さらにヒアリングを重ねてみると興味深い意見が聞けた。

「管理会社が何をやっているのかが『見える』だけでいい」というのが，そのオーナーの本音だったのだ。

文句を言いたいわけでも，「家賃を下げたくない」わけでもない。必要なら下げるし，追加で投資をしたっていい。部屋の掃除なら，いくらでも自分です

る。だが，情報が少なすぎてその判断ができない，というのだ。

空室を埋めるためにリノベーションをするにしても，投資した金額を回収するには5年や10年はかかる。企業経営で投資をすることを決めるためには，判断材料となる情報が必須となる。しかし，その情報が圧倒的に足りない（あるいは，管理会社の担当者レベルで出している情報にバラツキがある）ということを，ここで改めて知ったのである。

このやり取りを通じ，これは不動産流通業界全体が抱えている課題だと直感的に感じた。コミュニケーション不足による不安は，当たり前だがコミュニケーションを促すことで解決できる。情報を可視化していくことはITの得意技である。

4. 一度，撤退を経て生まれた新サービス

(1) マーケットに受け入れられるサービスを生み出すために

　この不動産オーナーとの会話があった業界フェアから，不動産業界の情報の非対称性にメスを入れたいと感じ，ダイヤモンドメディアが立ち上げたサービスが『Centrl（セントラル）』という不動産流通プラットフォームである。

　ところが，3,000社ほどの利用企業を集めたにもかかわらず，全く軌道に乗らず，1年ほどで撤退した。「不動産流通情報の可視化」という崇高な理念を掲げて営業活動に勤しみ，登録企業数は増えたのだが，既に一般的である不動産流通プラットフォーム（REINS，ATBBなど）の利用から乗り換えるまでの必要性には至らなかったのだ。

　このサービス撤退から得た教訓は，顧客である管理会社の業務効率が大きく上がり，業務に必要なサービスだと判断してもらえなければサービスの理念を体現するどころかマーケットには受け入れられない，ということである。

(2) オーナーへの情報提供が管理会社に提供する価値

　そこで，「オーナーに情報を提供することで管理会社にメリットが生まれる仕組み」を開発できないかと考え，生まれたサービスが『OwnerBox』だ。

　現在開発中の機能を搭載していくことで，管理会社はOwnerBoxを管理会社向けのリーシングマネジメントシステムと併せて利用することにより，空室から入居開始，退室までのオーナーの部屋ごとの管理会社の業務と，オーナーとのやりとりを可視化して記録しておくことができるようになる構想だ。

　成約の要因は，家賃を下げたことなのか，敷金を下げたことなのか，ポータルへの掲載写真を変更したことなのかなど，さまざまだ。だからこそ，成約の要因として何が考えられるのかを，管理会社とオーナーが一緒に考えられる仕組みにしていけると良いと考えている。

成約に結び付いた要因を具体的に探ることで，管理会社は手当たり次第に仲介会社へ営業する必要もなくなる。また，把握したデータはオーナーへ納得度の高いレポートとして共有する。

コミュニケーション部分の不満を IT サービスで解消することによって，不動産市場を活性化できるだろう。マーケットの活性化は，業界の発展へと結び付けられるはずだ。そう信じて，今後もサービス改善に努めていく。

5. OwnerBox を通じて見つめる，不動産業界のこれから

⑴ 不動産オーナーの価値観の変化

OwnerBox のサービス開発を通じて不動産マーケットの現状を見ていると，不動産オーナーの考え方も変化していること，それに応じて管理会社も変化していく必要があることが見えてくる。

不動産は，現金や有価証券などの「金融資産」に対して，「現物資産」と呼ばれる。相続などで譲り受けた家は残された家族の居住用として利用されるなど，一部の投資家を除けば金融資産よりも資産性の観点で取り扱われることが少なかった。しかし今，不動産を金融資産と同じように考え，戦略的に運用しようというオーナーは増えている。逆にいえば，戦略的に運用できないのであれば不動産を保有すること自体のコストパフォーマンスが低く，手放すしかなくなってしまうという現状もある。

そこには，不動産投資および収益の特色が一般的な金融商品をはじめとする長期保有資産とは異なるという事情がある。

不動産投資およびその収益の特色は次のように整理できる。①投資額が他の投資に比べて高額，②流動性が低い，③収益獲得が経営手腕に依存，④将来収益は不確実，⑤キャピタルゲインに対する期待（インフレヘッジ機能），⑥開発利益が発生するケースまたは他の開発の開発利益が帰着するケースの存在，⑦

不動産の担保性等である（前川, 2000）。

　今, 不動産市場におけるこれまでの不動産投資のビジネスモデルは変化し始めている。日本では 2012 年頃から人口が減少し始めており, 既に空き家問題も顕在化している。東京オリンピックに向けてインフラ整備が進められる中で都心の利便性は増し, 一部の不動産の価値は上昇するだろう。しかし, 経済成長とともに地価が上がっていくことを前提として描かれた旧来の不動産投資のビジネスモデルがこれから通用しなくなることは多くの専門家が述べている。

　販売益などのキャピタルゲインが望みにくいとなると, 今後の不動産経営では家賃収入など, インカムゲインのマネジメントの重要性が必然的に増すといえる。つまり, 運用が重要になる。上記で挙げた特色のうち, ③収益獲得が経営手腕に依存するという特色がより色濃いものになってくるのだ。経営手腕の低いオーナーの場合, 不動産を保有することで利益を得るどころか, 赤字を垂れ流してしまう可能性が否めなくなる。このことによって, 不動産オーナー側にも意識の変化が起きることはいうまでもない。周囲の物件との競争激化への対応や, 用途・運用面などでより高い戦略性が求められるようになり, 賃貸経営の難易度は上がっていくだろう。

⑵　不動産管理会社の役割の変化

　金融資産の領域では, フィンテックの高まりとともに様々な IT サービスが資産運用の手助けをしており, 不動産の現物資産の領域でも今後そういった流れが生まれていくと考えるのが自然だろう。

　そうなると, 不動産管理会社の役割は変化していく。「不動産管理」の枠組みは, ⑴企業・団体などが不動産を経営的視点から総合的に企画, 管理, 活用するための経営管理活動である「ファシリティマネジメント」, ⑵オーナーの不動産のポートフォリオ管理および保有効率を最大化させるための経営管理活動である「アセットマネジメント」, ⑶管理する不動産の純営業利益を最大化させて物件の価値を高める「プロパティマネジメント」の 3 つに分けて考えることができる（石塚, 2002）。

不動産オーナーと管理会社をつなぐ「OwnerBox」から見る不動産テック業界の未来

　今まで管理会社の事業はプロパティマネジメント業務が主だったが，今後はアセットマネジメント業務を念頭においた動きを求められるようになる。そうなると，IT活用スキルは不動産管理会社にとって必須になることはいうまでもない。

　近隣の競合物件調査，収支予測，運用改善提案……。しかも，その精度も問われるようになってくる。今までは一部のオーナーにのみ実施していた，いわば「オプション」を全てのオーナーが求めるようになる未来はそう遠くない。

　現状では，不動産オーナーが管理会社を選ぶ統一的な基準はほとんどないようなものである。それどころか，管理会社が何をやっているかを知らないオーナーがほとんどだ。

　優良な管理会社を見分けられないから，企業ブランドや手数料の安さだけが指標になってしまう。経済合理性や運用実績などを見ずに，購入時の仲介業者にそのまま預けてしまうケースも少なくない。しかし，「資産運用」という観点で見れば，オーナーは管理会社をよりシビアに見て，選ぶようになっていくだろう。

　また，アセットマネジメント業務の幅が広がっていくことにより，管理会社の業務がコンソーシアム化することも予想できる。実際に筆者の知り合いには，駐車場からの用途転用で保育園の建設をオーナーに提案し，テナントの誘致・保育園経営会社の紹介まで管理会社が手がけている例もある。

　助成金獲得のノウハウなども，郊外の地域密着型の不動産業者が実用的な知識を持っている場合が多い。このような「＋アルファの価値」を属人化させずに安定的に提供できる枠組みが，これからの不動産管理会社には求められており，その価値の創出をサポートし，最大化するのがITの力なのである。

6. 不動産業界にイノベーションを生んでいくために

(1) テクノロジードリブンなイノベーションが起きにくい業界特性

　不動産管理会社の役割が変化していく中で，IT 活用によって新たな価値を不動産オーナーに提供していく企業はこれから増えていくだろう。ただし残念なことに，現時点において不動産業界は，金融業界でフィンテックが広まったようなスピードでテクノロジードリブンなイノベーションが起こるとは考えにくい。

　その理由として，金融業界と比較すると，各社ごとに保有しているデータの種類やデータベースの仕様が異なることが挙げられる。各社が独自に IT 化を促進し，最適化を進めていった結果，各社が保有しているデータには互換性がなくなってしまった。そのため，新たなプロダクトを取り入れようとする際にはデータの取扱いに大きな負荷がかかり，ほとんど全ての企業でカスタマイズが必須になるという土壌が出来上がってしまったのである。

　このような土壌の上で，当社を含む「不動産テック」と呼ばれる企業は，企業ごとに発生するカスタマイズの手間や，フォーマットの違うデータを扱わなければならない業務負担が導入時の大きなハードルになることを身をもって感じている。本来ならビジネスモデルやプロダクトそのもののアイディアに向き合いたいのだが，どんなに良いサービスをつくっても，「現実的に導入できない」というパターンが多すぎるのだ。

　そもそも不動産テック企業は，不動産会社と手を取り合わないとユーザーにサービスを提供できない。新規参入が増え，健全に企業間競争が増えていくことでサービスレベルも向上していくが，このハードルゆえに新規参入したいという優秀な企業や技術者が増えないのも不動産テック業界の課題だといえる。

⑵　データのフォーマットを揃えることが初めの一歩

　⑴のような現状を解決するための手立てとして，筆者は，まずはデータのフォーマットを揃えていくことが不動産流通業界全体の発展のための第一歩だと考えている。2018 年 9 月には，不動産テック業界の発展に力を尽くしたいと志を同じくする業界関係者が集い，一般社団法人不動産テック協会を立ち上げた。その中でも，データのフォーマット統一は喫緊の課題として議題に上がっている。具体的な施策を決めるべく議論を重ねている。

　不動産流通業界に限らず，情報はその企業の内部資産だ。官公庁からの要請でもない限り，明確なメリットを感じられなければ企業が自らデータを開示したり，フォーマットを変更することはない。だから，今必要なのは横断的な啓蒙活動だ。データ形式を業界全体で揃え，データを共有していくことが，不動産流通業界にとっても，各企業にとってもメリットがあることを広く訴えていくことが重要である。

⑶　データフォーマットを統一するメリット

　データフォーマットを業界全体で統一するメリットはいくつもあるが，不動産テック事業者の観点でいうと，まずは「不動産テックサービスの開発コストが下がること」が挙げられる。開発コストが下がることで，結果的に不動産企業の IT システム導入のコストも下がっていく。前述したように，データの取扱いの煩雑さから不動産テック領域への参入を見送っている IT 企業も多く，このハードルがなくなることによって新規参入の事業者も増えていくことが予想される。そうなれば，不動産企業は複数の選択肢の中からより自社にフィットしたサービスを選択できるようになるだろう。必然的に IT 活用による業務効率化や新規事業の幅も広がっていく。

　業務改革や新規事業を進めることによって旧態然とした業界のイメージを払拭できれば，他業種からの優秀な人材獲得も進むだろう。

　また，IT システムが導入されることによるプラスの側面の一つに，ブラッ

クボックスの解消という点がある。当社の「OwnerBox」はその典型例だが，IT システムを業務に導入すると基本的に全てのログ（＝社員の行動やオーナーとのやりとり）が記録されるようになる。可視化が進むことにより業務レベルは自然に向上し，自社のサービスレベルをデータで示すことで顧客にも今までとは違う観点で訴求することも可能になるだろう。

　ここで私たちが注目しているのが一般社団法人 Fintech 協会の取組みだ。協会が金融庁と掛け合い，大手銀行のデータをスタートアップ企業が利用できるように API を公開した。

　銀行といえば，不動産業界と同じくらいか，あるいはそれ以上に取引が難しそうなイメージがある。金融はすでに社会インフラであり，失敗は許されない。「堅牢性」が何よりも求められる業界だ。その中において銀行側からすれば，API を公開するメリットは（当時は）なかっただろう。しかし，業界全体の発展のために銀行とベンチャー企業が手を取り合い，一緒にマーケットをつくっている。この前例から，私たちは多くのことを学べるのではないだろうか。

7.　不動産テック業界を発展させるために必要なこと

⑴　3つの提言

　最後に，筆者が考える，今後不動産テック業界を発展させるために必要なことを提言として述べておきたい。どれも今すぐには難しく思えることだが，業界発展のためには必須なことだ。

❶不動産テック企業と不動産会社の距離感をもっと近く，同じ目線に

　当たり前だが，企業側は「完成されたプロダクト」を求める。しかし，新しいプロダクトやテクノロジーには未知のものが多い。同じ未来を見据え，そういったところに対する寛容さを不動産企業にも持ってもらえるとありがたい。

　単に「バグがない」ということが，そのプロダクトの価値ではない。発注者

と受注者という枠を超えて,「まだどうなるかわからないけれど面白そうだ」,「一緒にこのサービスを育てていくと自社も業界も良くなっていくだろう」という視点を持って,ともに意見交換できる空気ができると良いなと思う。

❷データの共有化

「データフォーマットを揃えること」をはじめの一歩として挙げたが,それが実現したら,次はデータの共有化にも取り組んでいきたい。不動産テックサービスを立ち上げるにあたって,データを持っていない会社は公開情報を Web 上からクローリングするしかない。結果的に,表面的なサービスしか開発・提供できず,本質に斬り込んだサービスが生まれにくい。

データを業界全体で共有化することにより,新規事業者の参入障壁はさらに下がり,今よりもっと優秀なベンチャーや技術者が参入してくるだろう。

❸不動産テックベンチャーへの資本投下

現状,不動産テックベンチャーは EXIT 事例が圧倒的に少ない。大手不動産会社などからの出資や,親密な事業提携,出口としての M&A などが進むことで,サービスの開発も促進されるだろう。ユーザーにとっても,大企業にとっても良い話だ。

以上の 3 つが揃うと,エコシステムが生まれ,不動産流通業界と不動産テック業界の進化は加速する。

(2)　企業の枠を越えて業界全体の発展に取り組む

これまでに述べたように,不動産流通業界には非常に多くのステークホルダーが存在する。不動産流通とは本来,情報の流通なので IT と相性が良いものである。しかしながら,ステークホルダーの多さや,データ流通における複雑さから理想の実現に大きな課題が残る。

そして,その課題は,不動産会社であれ,IT ベンチャー企業であれ,1 社だけで解決することは出来ない。

不動産テック協会での啓蒙活動や,多くのステークホルダーと協力しやすいビジネスモデルの構築など,自社以外の企業と手を取り合うことで業界全体の

発展に寄与していきたいと考えている。

〈参考文献〉

谷山智彦（2018）「不動産テックの現状と課題」（一財）土地総合研究所 編『不動産テックの
　　課題』東洋経済新報社 , pp.35-47

石塚義高（2002）『不動産管理工学』（明海大学不動産学部不動産学叢書）清文社

前川俊一（2000）『不動産投資分析論─金融理論との融合をめざして』（明海大学不動産学部
　　不動産学叢書）清文社

不動産テックで変わりつつある不動産賃貸業務

イタンジ株式会社 代表取締役

伊 藤 嘉 盛[*]

1. 不動産賃貸業務のバリューチェーンと課題

　弊社イタンジ株式会社は，不動産賃貸業務の幅広いシーンで活用されるシステムを提供している。

　まず，サービス提供の前提となる不動産賃貸業務の流れやプレイヤーの特徴であるが，業務が川上から川下まであり，多数のプレイヤーがそれぞれのシーンで不動産賃貸業務に関与することがあげられる。

　具体的には，不動産オーナーから消費者である入居者まで，物件情報や入居者情報が流れていくバリューチェーンになっており，オーナー，賃貸管理会社，賃貸仲介会社，ポータルサイトやメディア，入居者と，各プレイヤーが存在し，さらに，それぞれのプレイヤー間で日々の業務のやり取りを行っている。

　そして，これらのコミュニケーションがアナログ的に行われていることも大

*いとう　よしもり
早稲田大学大学院ファイナンス MBA 修了。三井不動産レジデンシャルリース株式会社を経て，2008年に不動産仲介会社を起業。業務を自ら行う中で業界の非効率性を痛感し，不動産取引のデジタル革命への志を立てる。2012 年 6 月 14 日 にイタンジ株式会社を創業。

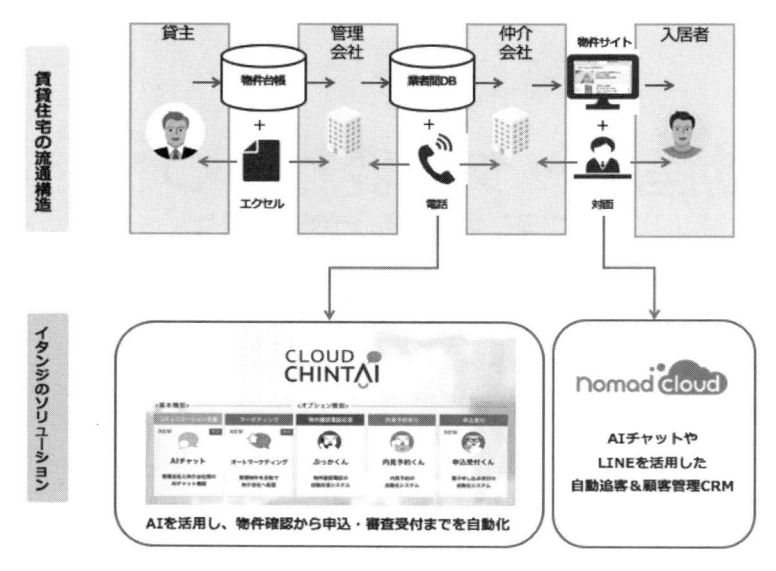

図1　イタンジが提供するソリューションと賃貸取引

きな特徴であり，これこそが不動産業界全体の課題になっている。アナログ的というのは，電話や紙，FAX，チラシ，そして郵便といった，旧来からのコミュニケーション手段を用いていることを指す。さらに，これらのアナログ情報（紙等）を，再度デジタル化する際も問題が発生する。新たな手間がかかるだけでなく，煩雑な業務が制約となり資料を廃棄する場合もあり，そもそも記録が残らない場合もある。また，情報伝達に時間とコストがかかることも指摘される。

　これらの結果，申込みから契約まで時間がかかることに加え，不動産情報の内容が乏しくなることや，不誠実な不動産情報が出回ることなども発生し，入居者に取引コストや不便といったしわ寄せが生じている。また，業務に携わるプレイヤーである賃貸管理会社や賃貸仲介会社においても，業務負担が増加し無駄な人件費や残業などの問題が発生している。

2. 電話や FAX で行っていた業務の IT 化

　弊社では，賃貸管理会社と賃貸仲介会社の間で電話や FAX で行っていた業務を IT ツールで代替するサービスとして，「Cloud ChintAI（クラウドチンタイ）」を提供している。「Cloud ChintAI」には，主力サービスの「ぶっかくん」，「内見予約くん」，「申込受付くん」が含まれる。

　「ぶっかくん」とは，物件確認という賃貸物件の空き状況を確認する電話業務を自動応答するシステムである。これまでは，賃貸仲介会社から賃貸管理会社に電話をかけて空室の確認を行っていたが，賃貸仲介会社が賃料などの情報をプッシュホンで入力すると，紐づく物件を探し自動音声が対応するため，賃貸管理会社の業務が IT 化される。賃貸管理会社においては電話の受電対応数が減るとともに，賃貸仲介会社においては電話ですぐに知りたい情報を確認できる。また，受電内容はレポートとして確認できるため，マーケティングに役立てることも可能となる。

　導入効果については，導入後約 4 割の電話が減ったとの報告を受けている。

　導入により物件確認だけの電話が大幅に減少し，その空いた時間を業者からの相談や交渉の対応の時間にあてることができ，直付けの比率が前年対比 10% アップした会社もある。

　また，導入に際して，最初は賃貸仲介会社が自動応答によって回答を得ることに抵抗をもっていたが，サービスの普及とともに賃貸仲介会社も慣れ，IT 化も浸透してきたように感じる。

　つぎに，「内見予約くん」とは，内見予約を自動化したシステムである。これまでは，賃貸仲介会社は，賃貸管理会社に電話をかけ，空室状況を確認し，名刺を FAX し，賃貸管理会社から電話がかかってきて初めて内見予約完了となっていた。内見終了時には，再度電話をかけ，鍵の返却を報告するといった，一連の業務を電話や FAX で行っていた。これらを IT 化することによって，内見予約を 24 時間自動で受け付けることが可能となる。

図2　Cloud ChiatAI

表1　導入会社の受電分析パーセンテージ

物件アナウンスがされた			
転送なし　41%		転送あり　9%	
物件アナウンスがされない			
	転送なし	転送あり	
検索操作あり	3%	2%	
検索操作なし	13%	33%	

　賃貸管理会社から折り返しの電話がないことや，そもそも出先では FAX が送れないことは，内見予約に時間がかかる原因となっていた。同時に，アナログな方法で内見予約を受け付けることは，内見予約した業者の情報や鍵情報を賃貸管理会社が管理できない要因にもなっていた。

　本サービスは，既に賃貸仲介会社約1万社が日常的に利用する状況となっている（2018年10月時点）。これまでは，1件の内見予約をするだけで約30分間を要していたが，わずか3分程度で完了するようになり，業務効率が劇的に向上する結果が得られている。また，賃貸管理会社においても，どの会社がいつ内見を行ったかの履歴を管理できるため，鍵情報の管理を徹底でき，セキュリ

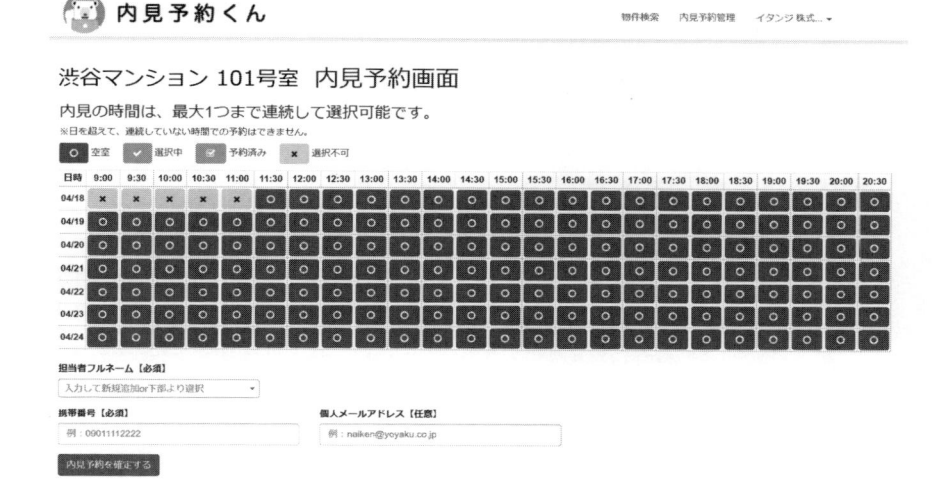

図3　内見予約くんの予約画面

ティ管理が向上している。

　よい部屋が見つかった場合は，申込みの段階に進む。この申込みをIT化するサービスとして「申込受付くん」がある。これは，顧客が入居申込書をWeb上で入力できるシステムであり，賃貸仲介会社，賃貸管理会社，家賃債務保証会社にも入居申込情報が共有される。業務コストを削減するとともに，申込書提出から審査までのやり取りの時間削減と効率化を可能とする。

　これまでは，入居者が記入した申込書をFAXで賃貸管理会社に送信していたため，FAXが賃貸仲介会社や賃貸管理会社を何度も経由するうちに，文字や本人確認書類が潰れるなど読めなくなることが頻発していた。当然，読めない文字についてはさらに電話で確認し合う追加業務が発生している。さらに，賃貸管理会社指定の申込書を取得する際もFAXで取り寄せるため，繁忙期等は用紙を取り寄せること自体にも時間がかかっていた。

　これを，ユーザーにURLを送信すると，スマホで申し込みができるサービスを提供することで，IT化・デジタル化を実現している。これまでは，申込

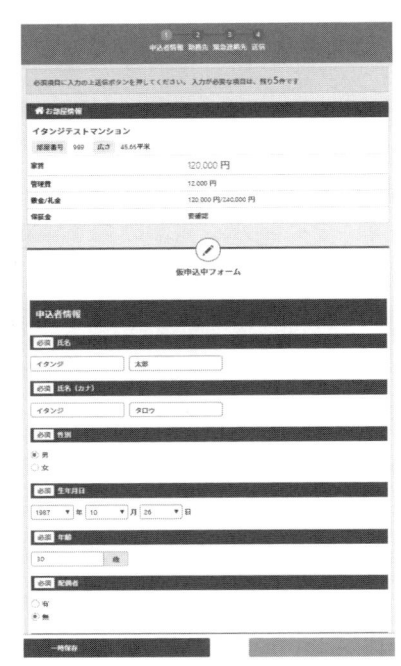

図4　手書きの申込書（左），申込受付くんの入力フォーム（右）

内容はなかなかデジタル化できない状況であった。その理由は，オーナー，賃貸管理会社，賃貸仲介会社，家賃債務保証会社，入居者と，それぞれ全員が個別に情報のやり取りを行うということにある。また，プレイヤーの一社が紙を用いていると，全てを電子化することができないという問題も発生していた。

　これらの課題を解消するために，子会社も含めて，関係会社をデジタル連携できるような体制を構築する必要がある。たとえば，部屋の申込みをすると家賃債務保証会社にも同時に情報が送られ入居審査が始まるように，一人が一つのアクションを行うと，関係者全体に情報が繋がる仕組みが必要となる。これまでは何枚もの異なる用紙に同じ内容を記入しなければならなかった入居申込みがスマホで簡単にでき，IT化が実現できている。

　さらには，入居申込自体もが電子契約ができるようになってきており，「書

面による交付」という部分の法律が改正されれば，賃貸借契約まで一気通貫で全てが IT 化できるようになる。

3. 不動産会社と入居希望者とのコミュニケーションの IT 化

　不動産賃貸業務においては，賃貸仲介会社と入居希望者との間で頻繁なコミュニケーションが発生する。このバリューチェーンの IT 化を促進するツールとして，「nomad cloud（ノマドクラウド）」というサービスを提供している。

　「nomad cloud（ノマドクラウド）」は，物件情報の自動メール配信機能や顧客管理が行えるだけでなく，入居希望者とスムーズにコミュニケーションできるチャットツールも搭載しており，AI（人工知能）でチャット返信することも可能となる。

　これまでは，入居希望者が不動産賃貸仲介会社へメールで問い合わせをすると，不動産会社から電話を要求されていた。そして，電話の次は来店を要求される。これは，店舗への来店営業が接客の中心である賃貸仲介会社にとっては合理的なしくみであった。不動産賃貸仲介会社は，丁寧なメールを書くことにコストがかかるにもかかわらずメール返信がこない場合もあることなどが電話を要求する原因であった。

　「nomad cloud（ノマドクラウド）」では，やり取りをメールから LINE へとインターフェースを切り替えた。これによって，LINE でチャットをする感覚で，物件についての問い合わせが可能となる。LINE でのチャットはメールとは異なり，「こんな物件ありますか？」「いい物件ありますよ」のみの会話が許され，短い文章でのやり取りができるようになる。また，簡単なやり取りであれば AI を用いたチャットボットによる自動返信も実現できる。

　希望物件を登録すると LINE で物件提案が行われる仕組みであり，ユーザーである入居希望者の負担が軽減される。また，不動産賃貸仲介会社においても，メール返信の手間や時間を減らすことが可能となる。

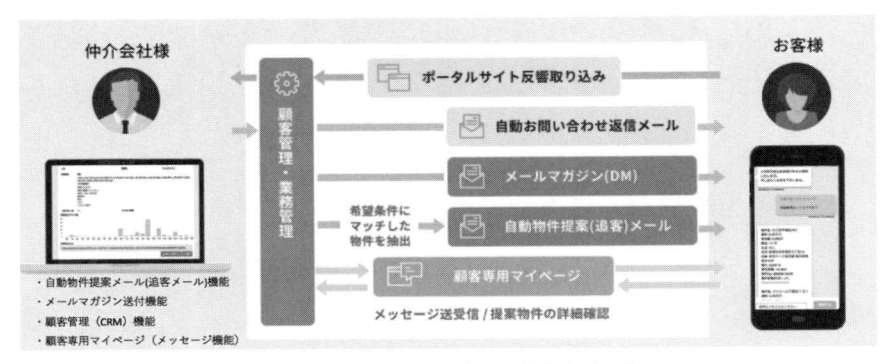

図5　nomad cloud（ノマドクラウド）

4. 不動産会社の IT リテラシーという課題

　不動産賃貸仲介のバリューチェーン全てを網羅するシステムを構築するには相当な時間を費やした。具体的には5年ほどかかっている。

　この理由は，全ての業務パーツの詳細を知り尽くして，一気通貫で実施できている会社がほとんど存在せず，弊社においても，サービスシリーズをいきなり実現したのではなく，各パーツを一つずつ実現していったためである。

　また，業務展開を行う際は，賃貸管理会社や賃貸仲介会社の IT リテラシーの向上ともセットで考える必要がある。全ての業務を一気に IT 化すると，クライアントである賃貸管理会社や賃貸仲介会社は対応できず，ついてこれなくなる。やはり，よくいわれるように，不動産会社の IT リテラシーは決して高くはないというのが現実である。

　また，上記の通り，売上増加企業と売上非増加企業の IT リテラシーの格差が大きいことも不動産業の特徴だ。

　さらに，不動産会社が利用できる IT デバイスにも制約が存在する。不動産業務への特にスマートフォンの普及は非常に遅れている。不動産業務に携わる個人自体はスマートフォンを保有していても，業務用のスマートフォンがまだ

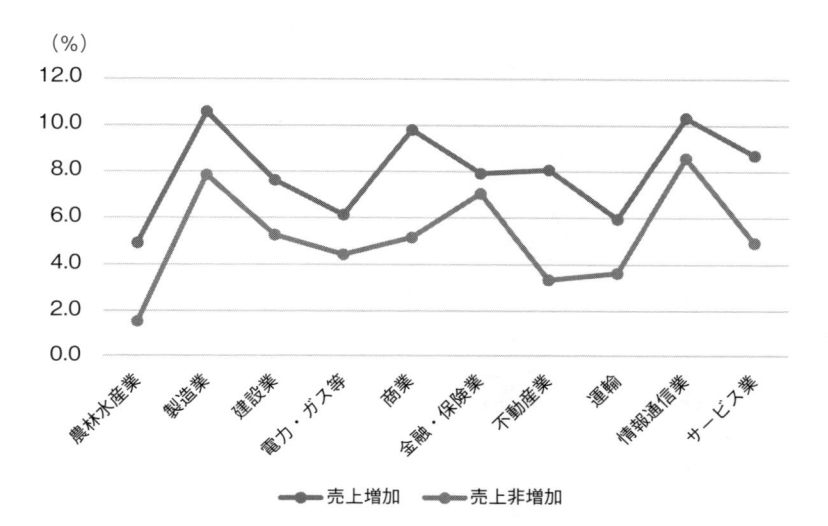

図6 産業別の IT 利活用状況（売上増加企業とそれ以外）

（出所） 総務省「ICT による経済成長加速に向けた課題と解決方法に関する調査研究」（平成 26 年）。

普及していない。通信費の問題やセキュリティの問題等が存在する。

　そこで，入居希望者はスマートフォンで LINE を用い，賃貸仲介会社は PC でそれに対応するというように，それぞれが操作するインタフェースや IT デバイスを変える必要があるのが不動産賃貸業務支援における不動産テックの特徴である。不動産会社向けにスマートフォンアプリを作成したこともあるが，うまく使いこなせないだけでなく，そもそも操作する IT デバイスを持っていなかったという経験もした。さまざまな試行錯誤の結果，入居希望者はスマートフォン，不動産会社は PC を操作するというハイブリッドな組み合わせにたどり着いている。そもそも，不動産会社は物件情報の入力等を日常的に PC で行っているため，PC インターフェースでも大きな不都合は発生しない。なお，入居希望者側の IT 導入ハードルはほとんどなかった。

5.　不動産テックによる不動産賃貸業務改革の効果

これまで随所で述べてきたように，電話や紙，そして FAX でのコミュニケーションが減ることによって業務効率が劇的に向上していることは，不動産テックによる不動産賃貸業務改革の効果として大きなものになっている。

さらなる不動産テックの効果としては，機会損失の減少が注目に値する。具体的には，物件確認や内見予約の 16％程度が 20 時以降の夜間に行われており，これまでは不動産会社の営業時間外であるため，営業機会を得られなかった時間帯に該当する。

不動産テックを活用することによって，新たなビジネス機会を得ることに成功している。

一般的に，賃貸物件を探す人達は，働いている時間や学校に行っている時間，つまり日中には不動産会社に問い合わせができない。一方，不動産会社は夜間の営業は行っていない。このミスマッチを不動産テックが解消している。しかしながら，こういった結果が得られることは，開発当初からわかっていたわけではなく，システムやツールの導入によってユーザーである入居者や入居希望者の実態が把握できたことにより明らかになった。

また，LINE チャットでやり取りをする「ノマドクラウド」の場合は，入居希望者とのやり取り頻度が増加し，具体的には 1.5 倍から 2 倍程度の頻度のコミュニケーションが発生した。この要因は，短いメッセージで細かく密にやり取りを行えることや，早い返信が行えること等が考えられる。短期間で密度の高いコミュニケーションが行われることで，成約件数の増加にも貢献していると考えられる。

メールの場合は，1 日単位で行うため返信に時間がかかり，LINE チャットのような頻繁なコミュニケーションには向いていない。また，LINE チャットでメールのような丁寧な長文を送信すると返信率が下がることもわかってきた。ユーザーは知りたいことを早く知りたいため，丁寧な挨拶であっても，無

駄な情報は不要ということなのであろう。

6. 不動産テックの展望

不動産賃貸業務における不動産テックのボトルネックになっているのは，契約の電子化である。宅建業法等が改正されて，「書面の交付」義務という条件が変更された際は，物件検索から契約締結までを一気通貫で IT 化できる。

さらに，不動産物件情報や不動産データベースがデジタル情報としてオープンにされていないことも，不動産テック活用の障害となっている。つまり，物件情報を探す部分に相当なコストがかかっているため，不動産情報のオープン化によって不動産テックの本当の効果が発揮されると考えている。

また，不動産テックの活用が進むことによって，不動産業者が仕事を失うことを懸念する議論があるが，そのような現象は起こっていない。逆に，不動産テックによって一人あたりの生産性は向上するので，基本的によい方向に進んでいると考えている。少子高齢化で採用難が始まっているなか，従業員一人あたりの業務量は増える傾向にある。弊社のサービスを導入することで，解雇や人員整理につながった事例は聞いておらず，仕事がなくなるのではなく，残業が減るなど働き方改革につながっている。そもそも，これまでが相当無理な仕事の仕方だったのであり，仕事がなくなることを心配するのではなく，ムダな仕事をいかに減らし，時間単価をどのように上げていくかを考えるべきであろう。業務効率化によって確保された時間を用いて，不動産コンサルティングのような高度な不動産サービスを提供することも可能となる。

最後に，不動産との関係が強いフィンテックとの連携による，不動産テックの可能性について触れておく。不動産事業は，出資や融資などの金融と表裏一体のビジネスであり，不動産テックも同様にフィンテックとのつながりが強い。そして，金融が登場する場面では，必ず与信評価と，リスク・リターンの評価が発生する。不動産賃貸業務においても，入居決定の際に，入居者の与信判断

を行った上で家賃債務保証会社や保証人を活用する。現時点においては，入居者の与信判断を一律に行っており，保証料や敷金の条件は賃料に連動する仕組みになっている。これは，リスク・リターンのバランスが崩れた状況であり，与信の高い入居者が過大な保証料を負担しており，与信評価水準以下の入居希望者は，そもそも入居すらできないといった問題が生じている。家賃支払い履歴等の不動産賃貸に関するデータベースを用いることで，リスクの偏在が解消され，新しいビジネスが生まれる可能性は大きい。

〈参考文献〉

総務省（平成26年）「ICTによる経済成長加速に向けた課題と解決方法に関する調査研究」

不動産・建築テックにおける xR の現状と未来

Symmetry Dimensions Inc. CEO
沼 倉 正 吾[*]

xR（x-Reality，エックス・リアリティ）とは，近年登場してきた VR・AR・MR 等の技術やコンテンツの総称である。本章では，これらの技術の最新動向と不動産・建築分野での活用や，この先の未来について紹介する。

1. VR（Virtual Reality，バーチャル・リアリティ）とは

2013 年に発表され話題となった低価格，一般消費者向け VR 機器である「Oculus Rift（オキュラス・リフト）」の登場により，VR という言葉が世界で注目を集めた。VR とは，コンピュータによってつくられた現実と見まごうばか

*ぬまくら　しょうご
Symmetry Dimensions Inc（シンメトリーディメンションズインク）．CEO。2000 年，エックスタイムジャパン株式会社にて取締役就任。2001 年，親会社である有楽股份有限公司へ出向し，台湾家電量販店 12 店舗の設立・運営を担当する。2004 年，株式会社ナスカークラフト設立。代表取締役として，ゲームソフト開発，モバイルアプリ開発，クラウド映像配信サービス開発など新規事業の立ち上げに従事。2014 年，VR ソフトウェア開発を専門とした DVERSE Inc. を米国に設立。VR に関する研究開発を行う。2016 年よりアイデア・イメージを共有し合意形成を加速させるビジネス向け VR ソフト『SYMMETRY（シンメトリー）』の開発を行っている。EY Innovative Startup 2017，WIRED Audi INNOVATION AWARD 2017 受賞，他。

りの世界を，目，耳，肌などの五感で体感する技術，コンテンツのことである。スキーのゴーグルのような「HMD（Head Mount Display，ヘッド・マウント・ディスプレイ）」や，「ヘッドセット」と呼ばれる機器を頭部に装着することで，装着している人がどちらの方向をみているのかを検知して，CG（コンピュータ・グラフィックス）の映像を現実の世界のように見ることが出来る。右を振り向けば右の方向，上を見れば上の方向というように利用者が現実と同様に自由に見られる VR では，従来のディスプレイでは見られなかった，自分自身が CG の世界の中に「居る」ような感覚や，目の前にそのモノが「在る」ような感覚を得ることが可能になる。

　人が日常的に左右の目で見ている映像と同様に，左右の視差のある映像をつくり出し，それぞれに映し出すことで立体的な映像を見せるという技術は 1960 年代から存在していた。この技術を可能とする機器は数千万円から数億円といった価格であり，従来は大学や研究機関等での利用に限られていた。しかし，「Oculus Rift」のような数万円で購入可能なハードが登場したことで一般への普及の道が開かれたのが，今回の VR ブームの大きな要因のひとつである。その後，ソニー，サムスン，HTC，マイクロソフトといった世界中の様々なハード・ソフトウェア企業が，高性能で低価格な VR 製品を市場に投入したことで，従来にはなかった「VR 市場」が形成された。

　現在，VR デバイスとしては，PC（パソコン）やゲーム機と接続して使用するハイエンド型，PC やゲーム機を利用しないスタンドアロン型，スマートフォンと組み合わせて使用する簡易型の 3 つのタイプが存在している。

　2018 年現在，ハイエンド型としては，Facebook 社の「Oculus Rift」，HTC 社の「Vive」，「Vive Pro」，ソニー社の「PlayStation VR（プレイステーション VR）」，マイクロソフト社の Windows10 の VR 標準規格である「Windows Mixed Reality」に対応したデバイス等が現在の主流となっている。

　当初，VR はこれら PC やゲーム機を中心としたハイエンド型から市場に登場したため，ゲームや映画といったエンタテインメント分野で最初に注目を集めることとなった。その後，イメージやデザインをありのままに伝えるという

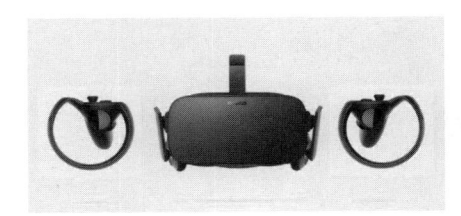

Oculus Rift：www.oculus.com

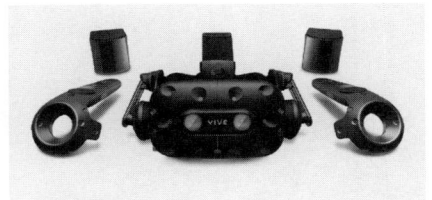

HTC Vive Pro：www.vive.com

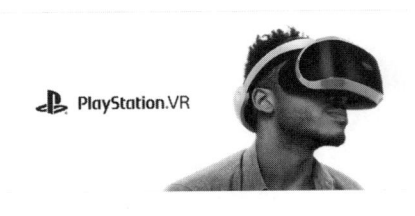

Play Station VR：www.jp.playstation. com

Windows Mixed Reality：www.microsoft. com

ＶＲの最大の特徴が注目され，デザイン・建築・不動産・ｅコマースといったビジネス分野に波及していった。

　スタンドアロン型としては，Facebook 社の「Oculus Go（オキュラス・ゴー）」，HTC 社の「Vive Focus（バイブ・フォーカス）」，Lenovo 社の「Mirage Solo（ミラージュ・ソロ）」の他，多数のハードメーカーから発売がされている。将来的にはスタンドアロン型がより軽量になった眼鏡のようなグラス型の登場が期待されている。

　スマートフォンと組み合わせて利用する簡易型としては，Samsung 社の「Gear VR（ギア VR）」や Google 社の Android OS の VR 標準規格である「Daydream（デイドリーム）」に対応したデバイス，また，iPhone や Android スマートフォンに装着するだけで簡単に利用可能な「ハコスコ」等がある。これら簡易型は取扱いの簡単さと低コストが特徴のため，ノベルティや販促物として多く利用されている。

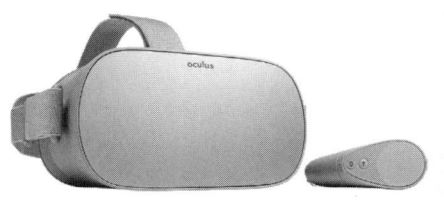

Oculus Go：www.oculus.com

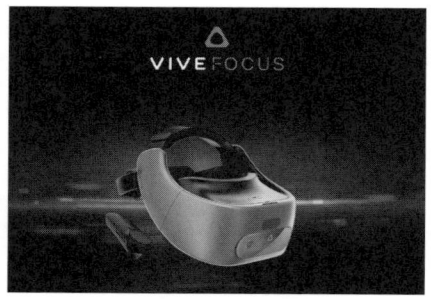

Vive focus：www.vive.com

Mirage Solo：www.lenovo.com

ハコスコ：hacosco.com

Gear VR：www.galaxymobile.jp

Daydream：vr.google.com

2. 建築デザイン・不動産分野での xR 活用

　建築デザインや不動産業界では従来から 2D での図面・イメージイラストなどを使用して建築設計やデザイン・イメージの打ち合わせや確認を行っていた。しかし，2D のみでは三次元空間での正確な形状を再現できないため，完成形のイメージのすり合わせや，施工面での解決できない問題も数多く残されていた。これを解決するために導入が進んだのが 3DCAD である。1990 年代以降，3DCAD ソフトの低価格化や PC 高機能化が進み，導入を行う企業が増加した。現在では，2D の図面・イラストと併せて，3DCAD・3DCG による動画の作成やプレゼンテーション等も利用した打ち合わせが一般的となってきている。

　しかし，プロフェッショナル間では一般的となってきたこれらの図面・イメージイラスト・3DCAD・動画等も，クライアントや施主との打ち合わせでは完成形を正確に相手に伝えることは未だに困難を伴っていた。この問題の解決に利用され始めたのが VR である。2D の図面やイラスト，3DCAD では伝わらなかった「広さ」，「大きさ」，「高さ」，「奥行き」，「雰囲気」といった情緒的な情報を「体験」としてクライアントや施主に伝えられるようになったことで，合意形成や意思決定のスピード，作業の手戻りの軽減が期待されている。

　また，近年，注目集めているデータ形式として，「BIM（Building Information Modeling，ビルディング・インフォメーション・モデリング）」がある。これは従来の 3DCAD を発展させたもので，従来では設計・施工・維持管理などの各工程毎に作成・修正が必要だったが，これを一元化して全ての工程で取り扱えるようにしたデータである。

　建築デザイン分野では 3DCAD を VR で体験させることで，従来よりもわかりやすく，感覚的に空間を把握するためのサービス・プロダクトが登場してきており，Symmetry Dimensions 社の「SYMMETRY（シンメトリー）」，Autodesk 社の「REVIT LIVE（レビット・ライブ）」，福井コンピュータ社の

安全体感VRトレーニング：tsumikiseisaku.
com

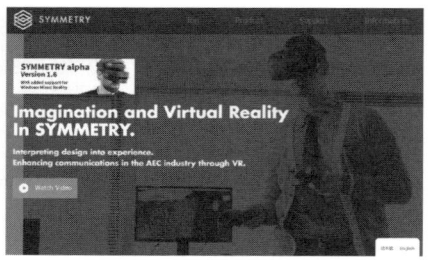

SYMMETRY：symmetryvr.com

ARCHITREND VR：archi.fukuicompu.
co.jp

「ARCHITREND VR（アーキトレンド VR）」といった製品では，設計デザイン段階で作成された 3DCAD データを読み込み，自動的に VR コンテンツを生成して完成段階に近い形での打ち合わせや合意形成を可能にしている。

　また，受託開発ベースでは，積木製作社の「VROX（ブロックス）」，ラストマイルワークス社の「terior（テリオ）」，メガソフト社の「VR ソリューション」といった発注側の 3DCAD データから高品質な VR コンテンツを開発提供するソリューションも数多く登場しており，意匠設計から最終的な顧客クロージングまで様々なシチュエーションで対応する製品が揃ってきている。

　土木分野では，積木製作社の「安全体感 VR トレーニング」といった，現場作業員向けの安全教育や KYT（危険予知トレーニング）のための VR コンテンツ等が注目を集めている。

　不動産分野での活用では，2D 動画の延長として 360 度動画のサービス・プ

VR 内見：naiken.nurve.jp

Spacely：spacely.co.jp

InstaVR：jp.instavr.co

ロダクトが数多く登場している。主に物件の内見を目的とした多くのプロダクト・サービスが登場しており，その手軽さから現在の国内 VR ビジネス市場は主にこの不動産向け 360 度動画が主流となっている。

　ナーブ社の「VR 内見」，InstaVR 社の「InstaVR（インスタ VR)」，スペースリー社の「Spacely（スペースリー）」等，スマートフォンをベースとした簡易型 VR を主に利用することで導入までのコストや障壁を下げていることが特徴である。また，ブラウザ上で誰もが簡単に動画のアップロード，編集，コンテンツ生成等を可能にする CMS（コンテンツ・マネジメント・システム）を用意することで，専門の知識がない担当者でも手軽に使えるサービスを打ち出している。今後は他社との差別化を図るため，AI を活用した利用顧客の動向分析や趣味嗜好による提案等，より幅広いサービス・メニューの拡充がポイントとなるだろう。

3. AR（Augmented Reality，オーグメンテッド・リアリティ）とは

　近年，VR の次に話題となったキーワードとして AR がある。VR が CG の世界に入り込み，自分自身がそこに「居る」感覚や，物体がそこに「在る」感覚を得られるとするならば，AR では，従来モニターディスプレイの中に存在した物体，キャラクター，情報が現実の世界に表示されることで現実を拡張（オーグメンテッド）するものとなっている。また，現実とデジタル情報を合成していくという意味で，「MR（Mixed Reality，ミックスド・リアリティ）」や「BR（Blended Reality，ブレンデッド・リアリティ）」といった呼称も存在している。

　2016 年に登場し AR というキーワードの認知度を高めたスマートフォン・アプリ『ポケモン GO』は，現実の世界に出現するポケモンと呼ばれるキャラクターを捕獲して収集するエンタテインメント・ゲームで，コンテンツやキャラクターの認知度の高さに加え，屋外で楽しめるゲームとして世界中で大人から子供まで巻き込み社会現象になった。VR と同様に AR はエンタテインメント分野からまずは注目を集めたのである。また，Android OS では「ARCore」，iOS では「ARkit」と呼ばれる AR 開発向けフレームワークも公開され，AR のプラットフォームとしてスマートフォンでの利用が急拡大している。Apple が WWDC2018 で発表したスマートフォンのカメラを利用して採寸を行うアプリ「Measure（メジャー）」のような AR を活用した実用的なサービス・プロダクトの登場が期待される。

　現在，AR デバイスとしてはスマートフォンが主流であるが，現場作業者やエンジニアのために両手で自由に作業を行えることを目的とした業務向けのグラス（眼鏡）型デバイスも数多く販売されている。

　マイクロソフト社の「Holo Lens（ホロレンズ）」，ODG 社の「R-8・R-9」，Google 社の「Google Glass Enterprise（グーグル・グラス・エンタープライズ）」，Vuzix 社の「Vuzix Blade（ヴュージックス・ブレイド）」，巨額の資金調達を行い話題となった Magic Leap 社の「Magic Leap One（マジック・リープ・ワン）」

ポケモン GO：www.pokemongo.jp

Google Glass：www.x.company

HoloLens：www.microsoft.com

Vuzix Blade：www.vuzix.com

ODG R-8：www.osterhoutgroup.com

Magic Leap One：www.magicleap.com

等が業務用途でのエンタープライズ向けグラス型 AR として販売されている。主な利用用途としては，工場や倉庫でのピッキング（選別）作業，現場エンジニアへの作業ガイドラインや指示，Drone（ドローン）の操縦等の遠隔作業が挙げられる。

　この中でも，現在，世界的に見て最も日本での利用が活発なデバイスがマイクロソフト社の「Holo Lens」である。特に，国内では建築・土木分野での実証実験，活用事例が進んでおり，インフォマティクス社の「GyroEye Holo（ジャイロアイ・ホロ）」を利用した施工現場での隅出しや出来形確認，点検調査作業な

GyroEye Holo：www.informatix.co.jp

AR CAD CLOUD for BIM：hololab.co.jp

どの実験が大手ゼネコンである大林組や鴻池組で行われている。また，HoloLab 社の「AR CAD Cloud for BIM」は，BIM 対応の AR ソフトウェアであり，AR の建築・土木での利用が今後も一層加速していくと考えられる。

　不動産分野での AR の利用としては，インテリア，壁紙などを実際の部屋や間取りを参考に実寸で確認をするサービス・プロダクトが現在は主流である。IKEA 社の「IKEA PLACE（イケア プレイス）」，Living Style 社の「RoomCo AR（ルムコ AR）」，Roomle GmbH 社の「Roomle 3D（ルームル 3D)」，KAKUCHO 社の「ゲンチロイド」等，スマートフォンのカメラを利用してユーザー自身の部屋やオフィスに実寸で家具を重ねて表示することで，購入後のイメージや雰囲気を確認することを可能にしている。AR デバイス自体がまだ広く普及していないこともあり，現在はスマートフォンでの利用を前提としたコンシューマ向けサービス・プロダクトが大勢を占めている。

　今後，これらが広く普及するためには，インテリア，建具，建築材料等を簡単に表示・確認するための 3D モデル・製品データのフォーマットを共通化していくことが必要である。コンシューマ向けテクノロジー導入の課題は，業界がこれらの技術をいかに各社と連携して取り入れ，データフォーマットの標準化や相互利用等を行えるかがポイントである。

IKEA PLACE：m.ikea.com

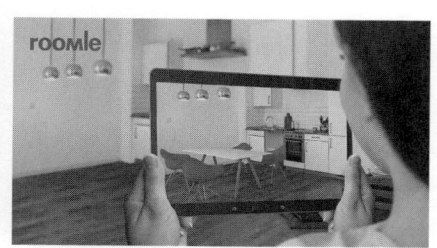

Roomle 3D：www.roomle.com

RoomCo AR：www.roomco.jp

ゲンチロイド：genchiroid.com

4. これからの不動産・建築テック

　2018 年現在，日本国内の建築設計およびデザイン業務では，大手企業での BIM 導入の流れの一方で，中小企業では 2D の図面データも未だ広く利用されている事情もあり，BIM 導入が大きく進んでおらず，建築設計分野では二つの潮流が混在している過渡期といわざるを得ないのが現状である。

　大企業，中小企業も含めた日本国内での xR 導入の課題としては，上記のような 2D データの遺産をどのように引き継いでいくのか，未だ発展の途上にある xR ハードのデファクトスタンダードの登場はいつになるのか，そして，それらの xR ハード上で BIM モデルや点群データといった巨大なデータをいかに簡単にリアルタイムな処理を可能にするのか，が焦点となっている。

Pimax 8K：www.pimaxvr.com

xR ハードは，現在も様々な企業やスタートアップが次世代ハードを発表しており，VR では，フィンランドの Varjo Technologies 社が建築デザイン・不動産やエンジニアリング等のプロフェッショナル向けデバイスとして，現在のデバイスの約 70 倍の解像度（70M ピクセル）を持つハイエンド型のデバイスの開発を進めている。また，中国の Pimax 社は 8K 解像度（8M ピクセル）のデバイス等の開発を発表している。マシンパワーを必要とする作業は PC ベースのハイエンド型へ，現場での作業や一般的な業務はスタンドアロン型へと現場や業務シチュエーションに応じたハードの使い分けが行われていくと予想される。また AR では，Magic Leap 社の「Magic Leap Two（マジック・リープ・ツー）」や，Leap Motion 社の「North Star（ノース・スター）」，マイクロソフト社の「Holo Lens」の次世代機の開発が進められており，今後はより高精度なセンサーによるポジション・トラッキング（位置検出），ジェスチャー（動作）入力，より広い視野角を持つデバイスが登場してくる予定である。しかしながら，VR がそうであったように，どのような作業従事者も利用できる成熟したデバイスに進化するにはあと数世代を要するとみられる。

　大手・中小を問わず，xR が建築デザイン・不動産市場で日常的な業務フローの中に入り込んでいくためには，BIM モデルやドローン・レーザースキャナーにより取得した現場状況の 3D モデル（点群データ）を，xR 上でより簡単にリアルタイムにビジュアライズ化して取り扱うためのマシンパワーが不可欠である。

　これら巨大なデータをリアルタイムに処理をするためには，ポリゴン・点群データをリアルタイムに動かすためのデータの削減（リダクション）や LOD（Level of Detail，レベル・オブ・ディテイル）と呼ばれる CG 描画の負荷軽減処理，フレームレート（描画速度）の維持等，従来は人の手で行っていた事前のデー

タ最適化作業を自動化し，現場で素早く確認作業を行えるようにするための手法が問われている。

　この課題を解く鍵は第五世代移動通信「5G」規格にある。2019 年に各通信キャリアがサービス開始を予定している 5G は，データ転送速度が従来の 100 倍以上，多人数のアクセスでも低遅延でデータの転送が可能なことが特徴である。将来的な xR 端末は，この 5 G の Sim を搭載し，近隣の基地局やデータセンターへデータを転送し，基地局やデータセンター内にある高速な GPU ワークステーションを用いて BIM モデル・点群データの画像処理，AI 処理，データ最適化を行い，低遅延で現場へ処理済データを返信する。これは，「Edge Computing（エッヂ・コンピューティング）」，「MEC（Mobile Edge Computing，モバイル・エッヂ・コンピューティング）」と呼ばれるアーキテクチャである。ユーザーはクライアント端末の性能を気にすることなく，xR に必要な高画質のグラフィックス処理や 3D モデルデータの最適化を利用することが可能になる。これらが建築デザイン・不動産分野での xR の本格的活用のキーファクターになるだろう。

〈参考文献〉

新　清士（2016）『VR ビジネスの衝撃　「仮想世界」が巨大マネーを生む』NHK 出版新書
日本バーチャルリアリティ学会編集（2010）『バーチャルリアリティ学』コロナ社
ケヴィン・ケリー（2016）『〈インターネット〉の次に来るもの―未来を決める 12 の法則』
　　NHK 出版
ジェレミー・ベイレンソン（2018）『VR は脳をどう変えるか？ 仮想現実の心理学』文芸春
　　秋社

登記ビッグデータから見える不動産テックの今後

株式会社トーラス 代表取締役
木 村 幹 夫*

1. はじめに

　近年，テクノロジーの進化がマーケットに与える変化は目を見張るものがある。たとえば，フィンテックが叫ばれるようになったわずか数年後には，フィンテックが旧い金融業界全体をいちど壊し，そして再構成しそうな勢いになっている。わずか 10 年前にこの潮流をいったいどれほどの人が予測しえたであろうか。その後を追うようにして，それと同様の破壊的な変化が不動産業界に起きようとしている。それが「不動産テック」と呼ばれている。

　不動産取引の裾野は非常に広く，様々なサービスが存在している。黎明期であるにもかかわらず，不動産テックのプレーヤーは多くの分野で生まれつつある（本書 38 頁の**図 4** の不動産テックカオスマップ参照）。これらの全てのテクノロジーを結びつけるのが不動産ビッグデータである。

*きむら　みきお
2003 年，株式会社トーラスを設立。不動産登記簿を集約したビッグデータを構築し，不動産ビッグデータ，AI を活用したマーケティング支援を行う。MIT（米国マサチューセッツ工科大学）コンテストでファイナリスト。2018 年，NY 国連本部で不動産テックと社会の持続的発展について解説。

　本章では，不動産登記をデータ化することで，どのようなことが見えてくるか，そしてどのようなメリットがあるのかを追いかけてみよう。

2. 不動産登記には，どのような情報が入っているか？

　ここで，不動産登記簿の読み方について簡単に整理しておこう。

　不動産登記とは，不動産の所有者の権利情報が記載されている公のレジストリ情報である。その不動産が「どのような不動産なのか」を表わす情報で，不動産ごとに，その所在地や広さ，大きさ，建物であれば築年数や構造，そして所有者が示されている。不動産登記簿記録によって公示（誰でも見ることができるように公開する）される内容は，図1のように，大きく3つのブロックで構成されている。

【表題部】

　表題部は，不動産の「顔」になる情報である。不動産が所在する地番，家屋番号が記載されている。そして，その土地がどのような目的で活用されているのかを知ることができる。地目には，住宅地，田畑，山林，公園，牧場，原野，学校用地，鉄道用地，公衆用道路，雑種地などがある。建物の場合は，建物構造が記載される。その建物が木造なのか，鉄骨でも軽量鉄骨造なのか鉄骨造なのか等が分かる。築年も記載されているため，その建物の耐震基準がどのようになっているか，いつの法令に基づく建物かを特定することができる（現行の新耐震基準になったのは1981年）。

　表題部には，不動産の固定的な情報，静的な情報が記載されている。

　なお，地番情報は住所とはまったく別の体系であることに注意が必要である。住所と地番の関係を調査するには，最新の公図を取得し，地図との重ね合わせが最も信頼できる。ただし，そこまで手間がかけられない場合は，ブルーマップなどの専用地図を使うことも，業界では広く行われている。

　表題部は固有の不動産番号がつくため，不動産番号さえわかればユニークに

○○県○○市○○○○−○				全部事項証明書		（土地）
【表　題　部】（土地の表示）			調製　平成○○年○月○日		地図番号	余白
【不動産番号】1234567890123						
【所　在】○○県○○市○○町○○			余白			
【①地　番】	【②地　目】	【③地　積】㎡	【原因及びその日付】			【登記の日付】
9999番3	宅地	100:00	9999番1から分筆			平成○○年○月○日

【権利部（甲区）】（所有権に関する事項）				
【順位番号】	【登記の目的】	【受付年月日・受付番号】	【原因】	【権利書その他の事項】
1	所有権移転	平成○○年○月○日 第○○○○号	平成○○年○月 ○日売買	所有者　○○市○○丁目○番○号 ○○　○○

【権利部（乙区）】（所有権以外の権利に関する事項）				
【順位番号】	【登記の目的】	【受付年月日・受付番号】	【原因】	【権利者その他の事項】
1	抵当権設定	平成○○年○月○日 第○○○○号	平成○○年○月 ○日金銭消費貸 借同日設定	債権額　金○○○○万円 利息　年○％ 損害金　年○○％　年365日日割計算 債務者　○○市○○丁目○番○号 　　　　○○　○○ 抵当権者　○○県○○市○○○丁目 ○番○号 株式会社　○○○○○○○

図1　不動産登記簿の基本構成

指定することができる。

【甲区】

　甲区は，【権利部】ともいわれ，不動産の所有権に関する事項が記述されている。甲区は表題部とは違い，時間の経過とともにその内容が変わっていく。甲区では所有者の氏名と住所が特定できる。さらに，所有者がその不動産の所有権をいつ，誰からどのような方法で得たのかが記載されている。所有権移転の理由は，主に売買であるが，その他にも，相続や遺贈，贈与，信託，また差押えなどもある。

　なお，「仮登記」が入っている場合は，現在の所有者は誰かを慎重に確認することが必要である。

【乙区】

　乙区にも甲区と同様に，権利の内容と動きが記述されているが，乙区には特に所有権以外の権利について記述されている。金融機関からファイナンスを行

うときは，一般に不動産が担保にされる。不動産は高額であり，かつ流動化させることが難しい資産であるので，特別に「抵当権」を設定して，これが公に分かる仕組みを設けている。もし乙区に抵当権の表示がなかったら，せっかく不動産を購入しても，その物件が他者の借金の担保になっていて，自分で財産の活用ができなくなってしまう。このようなリスクを排除するために，抵当権は誰にでも確認できるよう，公の情報となっているのである。乙区には，抵当権としてどの金融機関から，いつ，いくらの融資を受けたか，その利率はいくらかが記述されている。さらに，この融資が返済済みかも判別ができる。

　抵当権は，通常の抵当権と根抵当権に分かれる。根抵当は特別の目的で利用される。繰り返して融資が発生する事業資金の場合には，個別の抵当権設定の代わりに，融資のクレジットラインを設定し，「この額までは自由に使ってくださっていいですよ」というゾーンを設ける。不動産はその金額の大きさから，根抵当として事業ファイナンスの原資として利用される。

　乙区の下に「共同担保目録」が付く場合がある。企業や個人が多額の融資を受ける場合，一般には抵当権でまかなうが，その額が個別の不動産の資産額を超えてしまう場合がある。不動産を複数所有している企業や個人の場合，それら複数の不動産を一括して担保に設定することが可能であり，登記簿にもそれが反映されるのである。

　不動産登記簿には，個人や企業の財産のヒストリカルでリッチな情報が記述されている。逆に言えば，「共同担保目録」が付いていれば，それを追いかけることで，所有不動産を網羅的に確認することができる。ただし，十分に資金力のある個人や企業は，そもそも借入れをする必要がないため，抵当権も共同担保も付かないという状況もあるので注意が必要だ。

3. リッチデータなのに，不動産登記簿は取得が面倒で，読むのも大変

これほどの豊かな情報量を持ちながら，なぜ登記簿謄本の扱いはとても面倒で，体力の要る，効率の悪い世界なのであろうか？

第一に，登記簿は入手した瞬間から古くなるのである。

司法書士に代行してもらうにせよ，自分で取得するにせよ，法務局あるいは登記取得情報サービスから登記簿を購入することになる。480円〜600円の手数料を払って取得したときは，最新のものである。しかし，取得したその日の最新データにすぎず，次の瞬間には所有権が書き換わっているかもしれないのである。本来なら，法務局のデータベースに自由にアクセスできれば苦労はないのであるが，法務局はそれを許してくれない。したがって，最新の動向を知りたければ，効率が悪いと分かっていても，何度も謄本を買い続けるしかない。

第二に，登記簿は地図からすぐに取得できないのである。

不動産営業で担当エリアの地図を見ているときに，「あれ！　この土地はあのお客様にピッタリじゃないか！」と，ひらめくことは多々ある。しかし，それからすぐに登記簿を取得することはできない。住所がわかっても，それに対応する地番を調べなければならない。これが大きなストレスであり，時間も消耗する。

第三に，登記簿から営業リストが作りにくいことがある。

登記簿の情報を元に営業リストを作っている会社は多い。地主やビルオーナーなどのリストを作ってDMを送ったり，訪問したりが不動産営業の基本である。しかし，登記簿から営業リストを作るのは極めて大変な作業である。

担当エリアの登記簿謄本を片っ端からあげて，そこから必要な謄本だけを残して，残りは捨てる。「なんで登記簿から営業リストを作るのがこんなに大変なんだろう？」と思っている人は多いであろう。

登記簿はそもそも，不動産の所有者を明確にするためのものであり，営業リ

ストを作成するために作られているわけではない。

4.　トーラスの技術で，不動産ビッグデータの扱いは格段に楽になった

　弊社の『不動産レーダー』は，これらの問題を解決するものである。過去に取得した登記簿では，その後の動きは分からないが，『不動産レーダー』では，取得済みの謄本PDFをWebサイトにドラッグ＆ドロップするだけで，その登記簿に動きが発生しているかどうかの最新の情報をすぐに返してくれるのである。

　また，地図上から住所をピンポイントすると，該当する場所の不動産登記を取得することができ，住所から地番を見つける作業時間を大幅に短縮してくれる。

　さらに，『不動産レーダー』には，取得した登記簿謄本を自動でデータベースにして，エクセルで管理できる機能が内蔵されているので，過去に取得した100万本の謄本PDFであっても，わずかな時間で全てを仕分けして，リスト化することが可能である。

5.　マクロで見た不動産登記データのインパクト

　東京都港区の不動産の権利の動きは，1か月で約7,000件である。トーラスはその動きをつぶさに把握している。図2は，港区のどの地番で，いつ，どのような権利異動が発生したかを示している。

　権利の異動は，表題部の動き，甲区の動き，乙区の動きを捉えている。この中で重要なものは，甲区すなわち所有権の動きと，乙区すなわちファイナンスの動きになる。売買や相続がどのようになされたかが，地番のレベルでわかる

□地番　　　　：東京都港区
□登記処理年月日：2016/04/01から2016/04/31まで

検索結果7,094（3,102）件

| 1 | 2 | 3 | 4 | 5 | 6 | 7 | 8 | 9 | 最後 |

決済確認画面へ

					■購入受付	■取得完了	■該当なし
用途	地番	登記処理 年月日	登記目的	外筆	所有者	謄本	公図
土地	東京都港区南青山1丁目55-94	2016/04/01	所有権移転売買	0			
区建	東京都港区浜松町1丁目9-10-49	2016/04/01	根抵当権の設定	2	□	□	
土地	東京都港区南麻布5丁目69-3	2016/04/01	地上権の設定	0	□	□	□
区建	東京都港区南青山6丁目296-41	2016/04/01	根抵当権の設定	0	□	□	
建物	東京都港区白金台2丁目34-22-2	2016/04/01	所有権の保存（申請）	0	□	□	
建物	東京都港区白金台2丁目34-22-2	2016/04/01	抵当権の設定	1	□	□	
土地	東京都港区白金6丁目408-39	2016/04/01	抵当権の設定	1	□	□	□
建物	東京都港区北青山2丁目12-1-2	2016/04/01	所有権の保存（申請）	0	□	□	
土地	東京都港区西新橋2丁目112-1	2016/04/01	抹消登記	2	□	□	
区建	東京都港区白金台3丁目80-7-2	2016/04/01	登記名義人の氏名等 についての変更・更正	2	□	□	
区建	東京都港区白金台3丁目80-7-2	2016/04/01	抹消登記	3	□	□	
区建	東京都港区高輪3丁目215-12-903	2016/04/01	抹消登記	0	□	□	
土地	東京都港区南青山1丁目48-16	2016/04/01	所有権移転売買	0	□	□	
区建	東京都港区南青山1丁目48-16-17	2016/04/01	所有権移転売買	0	□	□	
区建	東京都港区芝浦4丁目11-15-38	2016/04/04	所有権移転売買	0	□	□	

図2　東京都港区の不動産権利の動き

ようになっている。

　次に，日本で個人が持っている金融資産の総額は1,800兆円である。

　2017年3月17日付けの『日本経済新聞』によると，「日銀が17日発表した資金循環統計（速報）で2016年末の家計の金融資産残高は1,800兆円となり，4四半紀ぶりに過去最高を更新した。15年末と比べ0.9％（17兆円）増え，現在の統計で遡れる05年以降で過去最高となる。昨年9月末比では2.7％（47兆円）増。昨年11月以降に進んだ円安・株高で株式や外貨建て資産の評価額が膨らみ資産を押し上げた。」

　この1,800兆円をセグメント毎に分解すると，図3の通り，金融資産1億円以上の富裕層は約270兆円あり，5,000万円以上の準富裕層まで含めると，500兆円以上あることになる。

　ここで，これは「金融資産」の合計であって，不動産が計上されていないということに注意していただきたい。富裕層ほど，不動産を使って資産形成を行っている。富裕層を計算に入れれば，1,800兆円よりも遥かに大きな資産額が出てくるであろう。

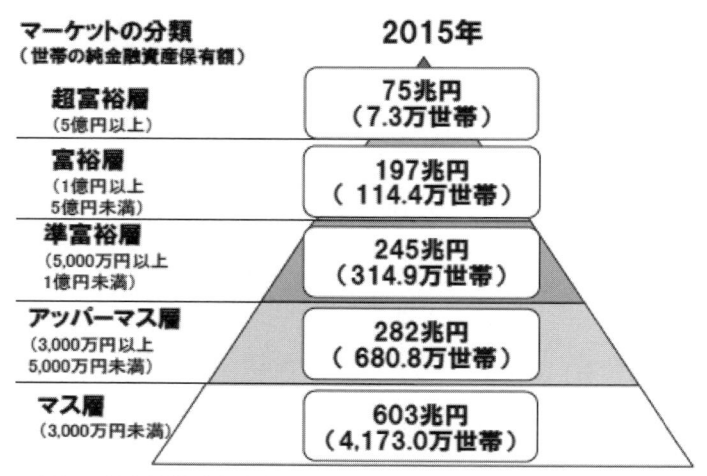

図3　純金融資産保有額の階層別にみた保有資産規模と世帯数

(出所)　NRI。

(注)　国税庁「国税庁統計年報書」，総務省「全国消費実態調査」，厚生
　　労働省「人口動態調査」，国立社会保障・人口問題研究所「日本の
　　世帯数の将来推計」，東証「TOPIX」および「NRI生活者1万人ア
　　ンケート調査（金融編）」，「NRI富裕層アンケート調査」等より推計。

　ところで，80歳以上の日本人は現在1,000万人である。100歳以上の人口は，2018年時点で約5万人といわれている。これで，これから，相続人の数がほぼ決まったことになり，相続される資産の額も推計できる。この先，少なく見積もっても数十年間は毎年数十兆円の資産が相続によって世代間を動くであろう。そのような大きな流れの中で，不動産登記簿から「どこで，どのような相続が起きたかを把握できている」ことが，ビジネス上でどれほど大きなインパクトを持っているかがお分かりになろう。そして，トーラスの『不動産レーダー』を使うと，どこで，どんな相続があったかを容易に把握することができるのである。

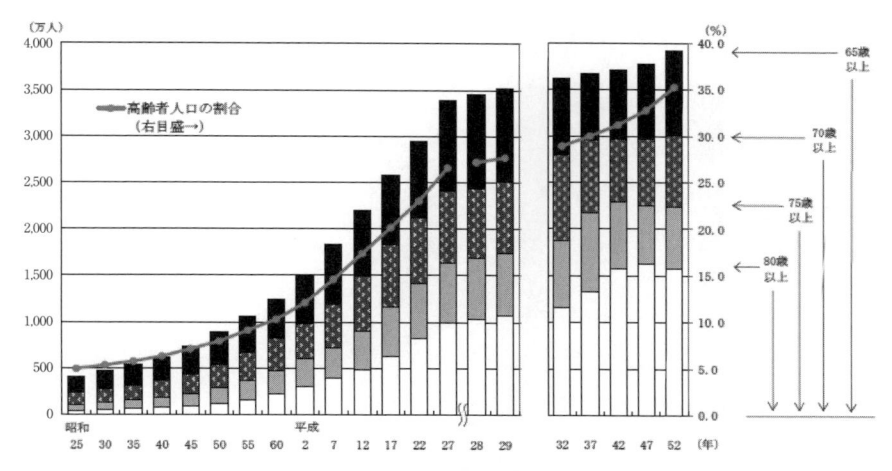

図4　高齢者人口および割合の推移（昭和25年〜平成52年）

（出所）　昭和25年〜平成27年は「国勢調査」，平成28年および29年は「人口推計」，平
　　　　成32年以降は「日本の将来推計人口（平成29年推計）出生（中位）死亡（中位）
　　　　推計」（国立社会保障・人口問題研究所）から作成。

注(1)　平成28年および29年は9月15日現在，その他の年は10月1日現在。

　(2)　国勢調査による人口および割合は，年齢不詳をあん分した結果。

　(3)　昭和45年までは沖縄県を含まない。

6. 横串で見ると，こんなことも見えてくる

　不動産登記簿はタテから見ると単なる不動産の情報である。しかしヨコから
見ると，世の中についての様々なインサイトを提供してくれる。

　人名と住所の組み合わせで登記簿を検索してみよう。**図5**は，トーラスのデー
タ（の一部）から不動産の持ち筆を集計して多い順に並べたものである。ここ
から，個人でも多くの不動産を持っていることが分かる。しかし，普通に営業
活動をしているだけでは，このことは見えてこない。通常は本人に聞いても，
不動産をどれだけ持っているかを教えてくれることは少ない。また，大地主ほ
ど，実際にどれだけ不動産を持っているかが分からないというケースも多い。

所有者名	所有者住所	所有不動産数
遠藤	川崎市多摩区	97
新戸	越谷市花田	94
德丸	蕨市北町	85
舘野	古河市諸川	68
遠藤	足柄上郡	54
山田	太田市安良岡町	54
豊泉	秩父市上野町	51
塚本	草加市手代町	51
加藤	伊勢原市池端	49
飯島	戸田市上戸田	47
島村	さいたま市北区	45
野口	さいたま市南区	44
有山	川越市大字藤間	44
市川	春日部市	44
田中	府中市白糸台	43
三浦	神戸市須磨区	43
清水	額田郡幸田町	42
矢部	大宮市土呂町	41
奈良	鴻巣市大字	40
加藤	愛知郡東郷町	39
小池	昭島市田中町	39
髙橋	横浜市保土ヶ谷区	39
中島	小平市天神町	39
清水	大宮市吉野町	38
備藤	北足立郡大門村	38
南幸	河内長野市	38
富澤	太田市高林南町	38
須田	川越市大字鯨井	37

図5　不動産の所有筆数が多いランキング

　しかしながら，トーラスの『不動産レーダー』を利用すると，調査の時間を一挙に削減することが可能である。さらにはオプションとして，該当する不動産の路線価を自動で取得する機能を持っている。路線価がわかると，謄本上から既に地積がわかっているので，それぞれの土地について路線価×地積で資産額を簡易査定することが可能である。それぞれの資産額を集計すれば，総合的に資産額の合計が多い順に見えてくるのである。

7. 筆数の多い人の，さらに権利の動きを掴む

　『不動産レーダー』でエリア内にいる大地主が特定できれば，さらに不動産の権利の動きを探知することができる。たとえば，50筆を持つ個人（法人）が特定できたからといって，アプローチが簡単とは限らない。むしろ富裕層であるほど，アプローチは難しくなっていく。しかしガードの固い対象といえども，そのガードが下がる瞬間はあるものである。

　資産のある人ほど，資産の問題を抱えており，専門家に相談をしたいタイミングは必ず来る。それをどのように読み解くのか。これまでは，個別の人脈などから，「あの人はいま……のようだ，そろそろ……ではないか」という読みを発揮するのが主であった。つまり，そのような人脈がある人だけが，ガードの固い層へアプローチして行けたのである。

　『不動産レーダー』では，この50筆を持っている人が，時間軸の中でどのような権利の動きをしたかを知ることができる。50筆あっても，その全てが一度に動くことは希である。一般的に，大きな動きがある前兆として，いくつかの筆について権利が動き始める。通常は，このような機微な動きを探知することは極めて難しいのであるが，『不動産レーダー』を使うと，そこが見える化されていく。

8. 不動産登記のビッグデータは不動産テックのコアデータか？

　全ての不動産取引には，入り口と出口がある。「誰が不動産の所有者なのか」という権利関係である。不動産の動きは，権利関係の動きでもある。その情報を正確に捉えているのが不動産登記情報である。これまでは，不動産登記簿は不動産の情報という位置付けでしか発行されてこなかった。これを日本全国から集約し，ビッグデータとして整理し，様々な角度からマーケットの動きを掴

めるようにすることは，インターネットの世界でいえば，検索エンジンの Google と同じようなプラットフォームの働きをするのである。

インターネットは検索エンジンとともに成長してきた。もし検索エンジンがなかったら，ネットの世界はカオスのままで，自分にとって重要な情報がどこにあるかも分からず，利用者も今のようには広がらなかったであろう。それと同じ関係が，不動産テックと登記簿ビッグデータの間に成り立っているのである。

不動産取引は裾野が広範囲に渡る業務である。売買・賃貸を中心として，管理業務，価格の査定，ローン，保証，鑑定，登記，リフォーム，リーシング，マッチング等々。そして，そこに金融機関，弁護士，税理士，鑑定士，調査士，司法書士など，さまざまなエキスパートも係わっていく。その様々な業務が，個別の不動産テックベンダーによって自動化・効率化され始めているのが現状である。このように広範囲で長い業務の繋がりであるが，不動産登記ビッグデータは，その全てに横糸を通すことになるであろう。そして，今後の不動産テックの成長の中で，様々な情報を結びつけるハブ機能として利用されていくことになるであろう。

〈参考文献〉

不動産テックカオスマップ　https://retechjapan.org/retech-map/　不動産テック協会
総務省統計局　https://www.stat.go.jp/data/topics/topi721.html
野村総合研究所　https://www.nri.com/jp/news/newsrelease/lst/2018/cc/1218_1
株式会社トーラス　『不動産レーダー』　https://www.torus.co.jp/
日本法令不動産登記研究会（編）（2017）『わかりやすい不動産登記簿の見方・読み方』日本法令
北崎　朋希（著），本間　純（著），谷山　智彦（監修）（2019）『不動産テック―巨大産業の破壊者たち』日経 BP 社

不動産テックを考える　　　　　　　　　　　　　　　ISBN978-4-905366-88-1　C3036

2019 年 5 月 20 日　印刷
2019 年 5 月 31 日　発行

編著者　赤木　正幸／浅見　泰司／谷山　智彦

発行者　野々内邦夫

発行所　**株式会社プログレス**　　〒160-0022　東京都新宿区新宿 1-12-12
　　　　　　　　　　　　　　電話 03（3341）6573　FAX03（3341）6937
　　　　　　　　　　　　　　http://www.progres-net.co.jp　E-mail: info@progres-net.co.jp

＊落丁本・乱丁本はお取り替えいたします。　　　　　　　　　　モリモト印刷株式会社

PROGRES
プログレス

＊各図書の詳細な目次は，*http://www.progres-net.co.jp* よりご覧いただけます。

マンションの終活を考える
浅見泰司（東京大学大学院教授）
齋藤広子（横浜市立大学国際教養学部教授）　■本体価格2,600円＋税

コンパクトシティを考える
浅見泰司（東京大学大学院教授）
中川雅之（日本大学経済学部教授）　■本体価格2,300円＋税

民泊を考える
浅見泰司（東京大学大学院教授）
樋野公宏（東京大学大学院准教授）　■本体価格2,200円＋税

★2014年度日本不動産学会著作賞（学術部門）受賞
都市の空閑地・空き家を考える
浅見泰司（東京大学大学院教授）　■本体価格2,700円＋税

共有不動産の 33 のキホンと 77 の重要裁判例
●ヤッカイな共有不動産をめぐる
　法律トラブル解決法
宮崎裕二（弁護士）　■本体価格4,000円＋税

固定資産税の 38 のキホンと 88 の重要裁判例
●多発する固定資産税の課税ミスに
　いかに対応するか！
宮崎裕二（弁護士）　■本体価格4,500円＋税

Q&A 重要裁判例にみる
私道と通行権の
法律トラブル解決法
宮崎裕二（弁護士）　■本体価格4,200円＋税

土壌汚染をめぐる
重要裁判例と実務対策
●土壌汚染地の売買契約条文と調査・処理の実際
宮崎裕二（弁護士）／森島義博（不動産鑑定士）／八巻 淳（技術士[環境]）
■本体価格3,000円＋税

変われるか！
都市の木密地域
●老いる木造密集地域に求められる将来ビジョン
山口幹幸（不動産鑑定士・一級建築士）
■本体価格3,000円＋税

【住総研住まい読本】
壊さないマンションの未来を考える
住総研「マンションの持続可能性を問う」研究委員会
■本体価格1,800円＋税

マンション法の現場から
●区分所有とはどういう権利か
丸山英氣（弁護士・千葉大学名誉教授）　■本体価格4,000円＋税

逐条詳解
マンション標準管理規約
大木祐悟（旭化成不動産レジデンス・マンション建替え研究所）
■本体価格6,500円＋税

マンション再生
●経験豊富な実務家による大規模修繕・改修と
　建替えの実践的アドバイス
大木祐悟（旭化成不動産レジデンス・マンション建替え研究所）
■本体価格2,800円＋税

詳解
民法[債権法]改正による不動産実務の完全対策
●79の【Q&A】と190の【ポイント】で
　不動産取引の法律実務を徹底解説!!
柴田龍太郎（深沢綜合法律事務所・弁護士）　■本体価格7,500円＋税

▶すぐに使える◀
不動産契約書式例 60 選
●契約実務に必ず役立つチェック・ポイントを[注書]
黒沢 泰（不動産鑑定士）　■本体価格4,000円＋税

▶不動産の取引と評価のための
物件調査ハンドブック
●これだけはおさえておきたい
　土地・建物の調査項目119
黒沢 泰（不動産鑑定士）　■本体価格4,000円＋税

新版
定期借地権活用のすすめ
●契約書の作り方・税金対策から
　事業プランニングまで
定期借地権推進協議会（大木祐悟）　■本体価格3,000円＋税

賃貸・分譲住宅の価格分析法の考え方と実際
●ヘドニック・アプローチと市場ビンテージ分析
刈屋武昭／小林裕樹／清水千弘　■本体価格4,200円＋税